위험한
심리술

97%의
사람을
내 맘대로
조정하는

위험한
심리술

로미오 로드리게스 주니어 지음 | 김하경 옮김

RHK
알에이치코리아

프롤로그

"사람을 조정할 준비가 되었는가?"

혹시 당신은 이런 고민을 하고 있지 않은가?

- 직장에서 인간관계가 힘들다
- 상대방이 내 말을 무시한다
- 'YES'라는 대답을 얻기 힘들다
- 자신감이 없어서 연애가 순조롭지 않다

- 상대방에게 쉽게 설득당해서 자신이 원하는 방향으로 대화를 주도하지 못한다

세상을 살아가는 동안 누구나 인간관계에 관한 고민에서 벗어날 수가 없다. 그렇다면 사람의 심리를 심층적으로 파악함으로써 상대방의 마음을 읽고 조정하여 모든 일을 내 뜻대로 할 수 있다면 정말 멋질 것 같지 않은가?

이 책에서 소개하는 다양한 심리술이 당신의 이런 바람을 실현시켜줄 것이다. 심리술로 주변 사람들에게 무시받던 사람의 인생이 180도로 달라졌다. 그 이유가 뭘까? '마음을 읽는다', '마음을 조정한다'는 표현이 왠지 꺼림칙하고 미심쩍다고 말하는 사람도 있을지 모른다.

그럼 당돌하지만 심리술의 힘을 증명하기 위한 실험을 해보겠다. 지금 당신의 눈앞에 있는 사람을 5초 만에 조정하는 것이다. 준비되었는가?

당신은 지금 어디에서 이 책을 읽고 있는가? 서점인가? 지하철 안인가?

어디서든 그 자리에 멈춰 서서 가만히 천장을 쳐다보자. 그렇다. 잠시 그 상태로 지그시 천장을 바라보자.

당신은 분명 다음의 광경을 발견할 것이다. 주변에 있는 몇몇 사람이 당신이 쳐다보는 지점에 뭐가 있는지 궁금해하며 뒤따라 천장을 올려다보는 광경을 말이다. 그 까닭을 알려주겠다.

이를 '동조 행동Conforming behavior'이라고 한다. 이 이론은 사람의 행동은 물리적인 환경에 영향을 받는다는 사실을 증명한다. 환경의 영향을 받는다고 하여 '환경심리학Environmental Psychology'이라고도 하며 이 분야에 관한 활발한 연구가 진행되고 있다.

우리가 하는 의사결정은 상상보다 훨씬 쉽게 타인의 행동에 영향을 받는다고 할 수 있다. 이를테면 '동조 행동' 심리술을 활용할 경우 업무적으로, 특히 판매를 하는 상황에서 상대방의 구매욕구를 조정하여 상황을 유리하게 진행할 수 있다.

반대로 당신이 이런 심리술을 모른다면 어떨까?

그 효과를 보장할 수 없는 비즈니스 서적을 몇 권이고 읽어대며 무의미한 노력을 계속할지도 모른다. 상대방의 마음을 간파하여 마음대로 조정하는 심리술은 각국의 대통령과

정치인들 또한 의식적으로 활용하고 있으며, 톱세일즈맨과 광고기획자 등 대중의 마음을 사로잡아야 하는 직업에 종사하는 사람들에게는 필수적인 기술로 자리 잡았다.

어떤가? 심리술의 근본이 무엇인지 이해가 되는가?

이처럼 마음을 조정하는 기술을 '마인드 리딩^{Mind reading}'이라 부른다. 마인드 리딩은 비과학적이고 비합리적인 심리학도, 범죄를 위한 지식도 아니다. 보편적인 견해와 실험을 바탕으로 한 최강의 '학문'이다.

만약 상대방에게 최면을 걸어 속임수를 쓰는 세뇌, 범죄에 사용할 수 있는 마인드 컨트롤을 배우고 싶다면 지금 바로 이 책을 책장으로 돌려놓길 바란다.

이 책은 상대방을 자신의 뜻대로 움직여 커뮤니케이션 효과를 높여주는 한편 원활한 인간관계를 구축하기 위한 기술을 소개한 것이다.

내 직업은 전문 '멘탈리스트^{Mentalist}'다. '멘탈리즘^{Mentalism}'이라는 용어가 알려지기 10년 전부터 일본에서 유일한 멘탈리스트로 활동하며 여러 번 TV프로그램에도 출연했다.

2009년 즈음에 홍콩으로 이주하면서 일본에서의 활동

이 뜸해졌지만 대신 홍콩 대부호 등 VIP와 관계를 구축하여 세계 대학 순위 50위 안에 들어가는 홍콩대학에서 멘탈리즘 강의를 맡는 등 세계적으로 멘탈리즘을 알리는 기회를 얻었다.

홍콩대학의 내 멘탈리즘 강의에는 수많은 학생들이 몰려들었다. 그도 그럴 것이 내 모든 멘탈리즘 이론은 체험에 근거하기 때문이다.

멘탈리스트 중 대부분은 이론적인 논리를 바탕으로 멘탈리즘을 설명한다. 하지만 나는 조폭에 맞서 심리전을 펼친 경험을 바탕으로, 멘탈리즘이라는 학문을 평가하고 검증하여 그 내용을 이 책에서 전달하고자 한다.

일본에서 활동하는 멘탈리스트들 또한 내 실력과 저력을 인정하기 때문에 정면 승부를 피한다.

이 책을 펼쳐 든 당신도 진정한 실력이 무엇인지 곧 알게 될 것이다.

이 책에는 경험을 토대로 누구든 활용할 수 있는 가장 효과적인 기술을 선별하여 소개했다. 다른 심리학 책에는 일반인이 쉽게 따라할 수 없는 내용이 많지만, 이 책에는 단시간에 곧바로 누구나 활용할 수 있는 효과적인 기술들만 엄

선하여 실었다.

사람을 조정할 준비가 되었는가?

아무쪼록 끝까지 재미있게 읽어주었으면 한다.

또한 절대 악용하는 일이 없기를 당부한다.

로미오 로드리게스 주니어

차례

Chapter 1.

불편한 상대를 뜻대로 조정하는 악마의 심리술

Chapter 2.

NO를 YES로 바꾸는 위험한 심리술

Chapter 3.

표정, 몸짓, 움직임으로 상대의 마음을 투시한다

Chapter 6.

암시의 힘으로 잠재능력을 끌어낸다

PSYCHOLOGY
POWER

Chapter 1.

불편한 상대를
뜻대로 조정하는
악마의 심리술

'습관지적'

마음에 안 드는
상대의 입을 막는다

사회생활을 하다 보면 반드시라고 해도 좋을 만큼 마음에 안 드는 사람이 있다. 이런 때는 그 상대에게 '습관지적'의 심리술을 사용하여 상황을 정리하는 방법을 추천한다.

회의 중 마음에 안 드는 A가 발표를 한다. 그런데 A가 말하면서 눈에 거슬리게 손을 움직이는 버릇이 있다는 사실을 알아차렸다고 하자.

"A씨, 프레젠테이션은 좋았는데 불필요한 손동작 때문에 집중이 안 되더군요. 손을 가만히 두고 발표한다면 훨씬 좋을 것 같아요."

이런 조언은 얼핏 악의 없는 호의까지 느껴지는 충고지만 실은 A씨를 밑바닥으로 몰아넣는 말이다.

손동작이나 다리 떨기, 말하는 중간에 넣는 '음~' 같은 말버릇은 모두 긴장을 풀기 위한 행위로, 이를 통해 평정심을 유지하는 경우가 대부분이기 때문이다.

무의식적인 습관은 무서운 것이다. 당신의 조언을 듣고 상대방이 "그래? 이제 되도록 손을 움직이지 말아야겠어"라고 말한다면 이제 다 끝났다. 원래 긴장을 풀기 위해 무의식적으로 해온 행동을 고치려고 의식할수록 이전에는 매끄럽게 진행해온 일이 힘들어지면서 평소의 리듬이 무너지게 된다.

스포츠 세계에서도 이 '습관지적'을 이용한다.

예를 들어 지금까지 순조롭게 득점을 올리면서 좋은 기량을 보이고 있는 골프선수가 있다고 하자.

그런데 어느 날 동료 프로선수가 "골프채를 이런 식으로 잡으면 점수를 더 낼 수 있을 거야"라고 충고한다면 틀림없이 당신은 골프채 잡는 방법을 바꿔보려고 할 것이다. 그러면 이전까지의 상승세가 거짓말처럼 꺾일 것이다.

습관이 무너지면서 평상심이 흐트러져 자멸할 가능성이 높아진다.

혹시 회사나 주변에 마음에 안 드는 사람이 있다면 자멸하여 다른 곳으로 가게 만들어라.

'바디구축법'
—
발목을 잡는
동료의 기를 꺾는다

조직에 소속되어 있으면 실력 있는 사람을 시기하거나 어떻게든 발목을 잡아 넘어뜨리려는 부류가 있는 법이다. 특히 동기가 승승장구 출세하면 자신의 무능력함을 감추기 위해 온갖 수단과 방법으로 방해하려고 한다.

누군가가 당신의 발목을 잡으려 한다면 '바디구축법'으로 거치적거리는 상대를 단숨에 정리하라.

바디구축법이란 상대보다 몸을 크게 만들어 과시하는 것이다. 바디는 몸을 의미한다. 사람은 체격이 큰 상대에게 두려움을 느끼게 마련이다. 무의식적으로 체격이 좋거나 키가 큰 사람을 '능력자'라고 느끼기 때문이다.

무척 간단하지만 상당히 효과적인 방법이다.

미국에서 피험자들에게 어떤 한 사람을 보여주면서 그 사람의 신장을 알아맞히는 실험을 실시했다. 피험자를 세 그룹으로 나눈 다음, 각 그룹별로 그 사람의 직업을 다르게 알려주었다. 첫 번째 그룹에게는 학생, 두 번째 그룹에는 의사, 세 번째 그룹에는 교수라고 소개했다. 어떤 결과가 나왔을까?

제시한 사람의 직업을 의사와 교수라고 소개한 그룹은 그렇지 않은 그룹과 비교하여 실제 키보다 크게 말했다고 한다.

결론적으로 사회적으로 지위가 높은 사람일수록 그 사람의 실제 모습보다 크게 느낀다는 사실을 증명하고 있다. 키가 큰 사람은 유능하다는 인식이 우리 안에 잠재되어 있는 것이다.

흥미롭게도 많은 사람들이 키가 큰 사람이 키가 작은 사람에 비해 수입이 높다고 느낀다.

게다가 호주국립대학에서 발표한 연구결과에 따르면, 실제로 평균 신장보다 5cm 이상 큰 사람은 연봉이 100만 원이나 더 높다고 한다.

즉 동료에게 '이 친구를 당할 수 없다'는 인식을 심어주려면 키를 크게 만들면 된다.

자세를 바르게 하고, 척추를 곧게 세우며, 키높이 구두를 신는 등 키가 커 보이게 하면 동료들도 당신을 한 수 위로 인정하고 쉽게 발목을 잡지 못할 것이다.

'스킨십'

성과를 가로채는
상사를 제압한다

상사에게 업무성과를 가로채기 당한 적이 있다면, 틀림없이 당신은 상사의 신뢰를 얻지 못했거나 상사의 눈 밖에 나 있거나 둘 중 하나다.

당신이 처리한 업무를 자신의 성과로 만드는 자체가 '미안함'을 느끼지 못한다는 증거이기 때문이다.

만약 실제로 이런 일을 겪고 있다면 자신에게 문제가 있을 수도 있다. 둘 다 바람직한 상황은 아니므로 간단하게 해결할 수 있는 방법을 알려주겠다. 이런 실험이 있었다.

거리에서 조사자가 설문조사를 실시한다. 조사자가 응답자의 어깨를 가볍게 치며 설문조사를 한 그룹과 신체 접촉을 전혀 하지 않은 그룹으로 나누어 설문조사가 끝난 후 조사자가 일부러 용지를 바닥에 떨어뜨린다. 그러자 신체 접촉을 한 그룹이 그렇지 않은 그룹보다 떨어진 용지를 주워주는 비율이 높게 나왔다.

신체 접촉을 해보자. 이른바 스킨십은 유아기에 엄마 품에 안겨 있을 때의 기억을 떠올리게 한다. 신체 접촉을 통해 안도감을 느끼고 경계심을 늦추는 것이다.

만약 직장에서 업무성과를 가로채기 당하거나 괴롭힘을 당한다면 먼저 상대와 악수를 하거나 어깨를 가볍게 치는 등의 스킨십을 시도해보라.

"쑥스러워서 못하겠다"고 말하는 사람도 있을 것이다. 하지만 이 간단한 방법만으로 '어쩌면 의외로 괜찮은 사람일 수도 있다'는 인상을 심어주어 상대의 괴롭힘을 멈추게 할 확률을 높일 수 있다.

'정말 효과가 있을까?'라는 의문이 든다면 예전 학창시절을 떠올려보라.

서로 맞붙어 격렬하게 몸싸움을 한 후 오히려 속마음을 터놓게 되고 둘도 없는 친구가 된 경험이 있지 않은가?

서로 주먹을 주고받는 몸싸움은 스킨십의 결정판인지도 모른다.

'자아관여'

자존심이 강한 사람을 고분고분하게 만든다

조직에 소속되어 있으면 자신보다 연상의 부하직원과 함께 일하게 될 때가 있다. 자존심이 강한 연상의 부하직원을 어떻게 다루어야 할지 고민하는 사람이 많을 것이다.

대부분 연장자로서 배려하며 조심스럽게 업무를 지시하는 형태가 일반적이다. 그런데 사실은 '살짝 까다로운 업무를 맡겼을 때 상사의 지시에 훨씬 순종적이 된다'고 한다.

미국에서 다음의 실험을 진행했다.

먼저 간단한 퀴즈를 출제하여 최대 50달러의 상금을 지급했다. 그런 다음 대회를 주최한 담당자가 참가자 중 3분의 1을 직접 만나 진행 착오로 연구자금이 부족하다고 양해를 구하며 상금을 돌려주기를 부탁했다.

한편 다른 3분의 1의 참가자에게는 주최자가 아닌 다른 스태프가 상금 반환을 요청했다. 나머지 3분의 1은 그대로 돌려보냈다.

이후 퀴즈대회 주최자에 대한 호감도를 조사했더니 재미있는 결과가 나왔다.

상식적으로 생각하면 상금을 전액 받아서 돌아간 그룹에서의 호감도가 가장 높게 나타나야 하지만 '주최자가 직접 상금 반환을 요청한 집단'에서 가장 호감도가 높았다.

손해를 보았는데 오히려 만족도는 가장 높게 나타난 것이다. 이는 보편적인 경제논리에서 완전히 벗어난 결과다.

이것은 상대를 위해서 얼마만큼의 시간과 정열을 할애하고 있는가를 의미하는 '자아관여'라는 심리와 관련이 있다. 즉 업무를 처리할 때 상사 혼자서 떠맡기보다 지속적으로 부하직원과 업무를 분담하는 편이 훨씬 호감도를 높이는 셈이다.

　부하직원이 연상일 때 이 법칙은 훨씬 효과적으로 작용한다. 자신보다 어린 사람이 부탁을 해오면 '내가 의지가 되는가 보군'이라는 생각에 이전과 달리 훨씬 적극적으로 협조해줄 것이다.

'앵거효과'

싫어 하는 상사와도
좋은 관계를 형성한다

어떤 조직이든 자신과 맞지 않는 상사가 있게 마련이다. 상사이므로 피할 수도 없어 매일이 우울하다.

자신과 안 맞는 사람 중 대부분은 본인의 내부에 존재하는 '앵커anchor(닻)'의 기억이 작용하여 발생한 결과물이다. '앵커'란 어떤 정보를 기억시켜 의도적으로 조건반사를 형성하는 현상을 말한다.

이유 없이 어떤 사람이 마음에 안 드는 근저에는 오래전 기억이 자리 잡고 있다. 대다수 사람은 8세 이전에 그 기억이 형성된다. 당신을 공포에 떨게 하거나 불합리한 상황에 처하게 만든 상대의 얼굴, 혹은 부모님이 심어준 부정적인 표현이 '앵커', 즉 닻이 되는 것이다.

이렇게 무의식에 뿌리를 내리면서 성인이 된 현재까지도 그와 비슷한 상황이나 그런 상황을 만든 사람과 비슷한 외모, 표현을 우연히 접하게 되면 불쾌함을 느낀다.

나쁜 기억이 닻으로 기억 속에 자리 잡고 있는 한 몇 번이고 동일한 감정을 느끼게 된다.

조직 안에 자신과 맞지 않는 상사가 있다면 이 닻을 끊어냄으로써 상사와의 관계도 회복하고 업무도 순조롭게 진행할 수 있다. 그럼 어떻게 해야 할까?

가능한 자주 상사와 접촉을 시도하자. 상사의 개인정보, 이를테면 가족사항, 사생활에 관련된 내용을 물어보자.

앵커 상태에서는 상대방의 외모와 말투로만 그 사람을 판단한다. 그러므로 이런 식으로 상대방의 개인정보를 묻는 과정을 통해 자신의 앵커가 틀렸다는 사실을 무의식 속으로 주입하는 것이다.

그 사이 딱딱하게 뭉쳐 있는 닻의 기억이 약해지면서 앵커 상태에서 벗어난다. 이 방법은 심리학을 바탕으로 한 커뮤니케이션인 NLP^{Neuro Linguistic Programming}(신경언어프로그래밍)에서도 자주 활용하는 기술이다. 반드시 실천해보자.

'재부정의 화술'

아부하지 않고
상사의 마음을 얻는다

아부에 천부적인 재능을 타고난 사람이 있다는 사실은 부정할 수 없다. 하지만 그렇다고 해서 그런 사람이 상사의 전폭적인 신뢰를 얻는가 하면 그렇지도 않다.

아부를 잘하는 사람과 함께 있으면 처음에는 잠시 으쓱하지만 익숙해지면 '이 사람이 하는 소리는 믿을 수 없단 말이지'라며 신뢰성에 의문을 품게 된다.

신뢰를 잃지 않으면서 상사의 마음을 얻을 수 있는 좋은 방법이 있다.

일본에서는 겸손을 미덕으로 여기므로 아무리 옆에서 아부를 하고 폭풍칭찬을 쏟아도 대부분은 "아니예요, 그렇지 않습니다. 전 아직 멀었어요"라는 대답이 돌아온다. 서구와 달리 당신의 칭찬에 "감사합니다"라는 인사를 하는 사람은 거의 없을 것이다.

부정은 하지만 그래도 내심 기분은 좋다. 자신의 입장으로 바꿔 생각하면 이해하기 쉬울 것이다. 누군가에게 칭찬을 들었을 때 진심으로 부정하는가?

상사라는 사람은 자신의 부하직원에게 칭찬을 들을 때 뿌듯함을 느낀다. 하지만 겉으로는 당신의 칭찬을 부정할 것이다.

바로 이때 '재부정의 화술'을 사용하여 몇 배 더 큰 기쁨을 선물해보자. '재부정'이란 상대의 대답을 또다시 부정한다는 의미다.

예컨대 상사에게 "부장님은 정말 대단하세요. 이번 분기 실적을 두 배로 만드시다니요"라고 했다고 하자.

당연히 상사는 이 칭찬에 "아니, 내가 한 일이 아니지. 팀원들이 똘똘 뭉쳐 열심히 뛰어준 덕분에 가능했던 일이야"라고 대답할 것이다. 하지만 상사는 내심 자신의 리더십이 있었기에 그만한 성과를 낼 수 있었다고 생각할 것이다.

이 순간을 놓치지 말고 "아니, 이런 겸손까지 갖추시니 부하직원들이 믿고 따를 수밖에요!"라고 되받아치면 상사는 마음속으로 몇 배 더 기뻐한다.

바로 이 타이밍에 기획안을 제출하면 무조건 통과다. 재부정의 화법을 요령 있게 활용하여 상사를 기쁘게 만들면 자신이 원하는 바를 쉽게 얻을 수 있다. 조금만 연습하면 쉽게 활용할 수 있지만 남용은 금물이다.

'이상화'

꾸중을 들은 후에도
긍정적인
인상을 심어준다

오하이오주립대학에서 실험을 한 결과, 첫 만남 때 좋은 인상을 준 다음 되도록 만나지 않게 한 커플들을 일정 기간이 지난 후 조사했더니 서로를 이상적으로 생각하는 비율이 평균보다 20퍼센트나 높게 나왔다.

반대로 첫 만남 이후 곧바로 데이트를 이어나간 커플이 헤어질 확률은 평균보다 30퍼센트나 높게 나타났다고 한다.

이 실험에서 알 수 있듯이 첫 만남에서 인상적이었던 사람을 이후 만나지 않으면 점차 내부에서 이상화가 시작된다.

즉 상대와 접촉하지 않을수록 그 사람을 이상적으로 생각할 확률이 높아진다는 뜻이다. 이 심리를 상사에게 질책을 받았을 때 활용할 수 있다.

만약 회사에서 뭔가 실수를 저질러 상사에게 꾸중을 들었다고 하자. 이때 상사에게 긍정적인 인상을 줄 수 있도록 진심을 담아 과하다 싶을 정도로 사과하라. 상사 또한 부하 직원을 꾸짖는 상황이 즐거울 리 없으므로 당신의 진심 담긴 사과는 인상에 남을 것이다.

그런 다음 최대한 상사와 접촉하지 않도록 노력한다. 그러면 상사의 내부에서는 이상화와 정반대 심리인 '자책화'가 진행된다. 결국 상사는 '내가 조금 심했나'라며 자문자답을 하기 시작한다. 만나지 못하는 기간이 길어지면 마침내 상사가 먼저 "요즘 열심인걸. 어떤가, 오늘은 같이 한잔 하러 가지 않겠나?"라며 말을 걸어온다.

하지만 상사와의 접촉을 피하기 힘든 상황도 있을 것이다. 그런 경우에는 상사가 자신을 무시한다고 오해하지 않을 정도로 살짝 거리를 두면 된다.

'피그말리온 효과'

—

무능한 부하직원을
스스로
움직이게 만든다

다음은 미국의 한 교육기관에서 실시한 흥미로운 실험이다. 어느 초등학교에서 지능검사를 실시했다. 하지만 사실 이는 거짓으로 검사지는 채점조차 하지 않았다.

지능검사 결과를 마음대로 설정하여 담임교사에게 "이 명단에 적힌 학생들은 성적이 오를 겁니다"라고 전달했다.

그러자 담임교사는 명단에 오른 학생들에게 기대감을 가

지고 이전보다 그들을 열성적으로 지도하기 시작했다. 해당 학생들도 이 기대감에 부응하기 위해 노력했으며 실제로 성적이 올랐다.

이런 현상을 '피그말리온 효과Pygmalion Effect'라고 한다. 프로 스포츠의 세계에서도 자주 사용하는 방법이다.

어느 직장이든 '시켜야 일하는 수동적인 부하직원'이 존재한다. 그들 또한 상사의 지시에 따르기만 하는 상태가 즐거울 리 없다. 그들은 그저 상사가 자신에게 아무 기대도 하지 않는 것이 두려울 뿐이다.

그래서 섣불리 먼저 나서는 대신 상사가 지시하면 그때서야 움직이는 쪽을 선택한다.

만약 직장에 이런 '수동적인 부하직원'이 있다면 기대감을 담은 표현을 해보자. 그렇다고 무턱대고 아무 말이나 해서는 안 된다. 상대의 장점을 찾아내어 그것을 최대한 활용해서 기대감을 표현하자.

이를테면 "이번에 참여한 프로젝트 보고서를 검토해보니 자네의 분석력이 아주 뛰어나더군. 이제 기획력까지 갖추면 되겠어"라고 말한다.

그러면 부하직원은 '그렇단 말이지. 내 분석력을 인정해주는구나'라며 자신감을 얻는 동시에 '기획력을 익히면 더 중요한 업무도 맡을 수 있겠어'라고 생각하고는 업무능력을 높이려고 노력한다.

이처럼 자주 '기대감을 담은 말'을 건네면 이전까지 지시만 받던 수동적인 부하직원을 적극적으로 만들 수 있다.

'자기동일화'

격분한 상대를
단숨에 잠재운다

분노하여 이성을 잃고 흥분한 사람만큼 감당하기 어려운 상대도 없다. 그런데 이런 사람을 간단하게 진정시킬 수 있는 방법이 있다.

미국 첩보기관 CIA에서 피실험자를 일부러 화나게 한 후 다양한 방법을 적용하여 분노를 진정시키는 데 걸리는 시간을 측정해봤다.

피실험자는 3명이다. 첫 번째 사람에게는 연구원이 오직 말로 감정을 진정시켰다. 두 번째 사람에게는 자신의 모습이 보이도록 거울을 놓아두고 분노를 주체하지 못하는 모습을 보게 했다. 세 번째 사람에게는 연구자가 피실험자보다 더 화가 난 척 연기했다.

그 결과, 말로 어르고 달랜 첫 번째 사람이 가장 오랜 시간이 걸렸고, 거울을 보여준 두 번째 사람은 몇 분 만에 진정되었으며, 연구원이 더 화난 것처럼 연기한 마지막 사람은 순식간에 흥분 상태가 가라앉았다고 한다.

이 실험에서 알 수 있듯이 화가 난 상대에게 그 사람보다 더 격하게 분노의 감정을 표출하면 순식간에 상대가 이성을 되찾아 조금 전의 분노를 망각한다.

이는 '자기동일화'라는 심리상태 때문이다. 일반적으로는 상대의 실력이나 성과를 마치 자신의 것인 양 착각하는 심리상태를 가리킨다. 영화 〈록키〉를 보고 나서 자신이 강해진 듯 착각하는 모습과 같다.

CIA에서의 실험은 '자기동일화'를 역이용한 것이다. 자신보다 훨씬 더 분노한 감정을 봤을 때, '나 또한 다른 사람에게 이런 모습으로 보이겠구나'라는 생각이 퍼뜩 들면서 순식간에 이성을 되찾게 된다. 두 번째 피실험자가 거울을 통해 자신의 모습을 보았을 때도 동일한 효과가 나타났다.

화가 나서 잔뜩 흥분한 상대가 있다면 그 이상으로 격하게 반응하면 된다. 다만 어설픈 연기는 불길에 기름을 끼얹는 격이므로 주의해야 한다.

'복장과 색의 위엄'

상대의 무리한 요구를 차단한다

"이번 거래는 총액에서 5퍼센트 빼주세요."

"주말까지 납품하지 않으면 전액을 지불하지 않을 겁니다."

이런 무리한 요구를 하는 거래처도 있다.

만약 거래처에서 이런 말을 했다면 그 거래처는 틀림없이 당신을 '얕보고' 있는 것이다.

'이 사람한테는 강하게 요구해도 들어줄 것이다'라며 우습게 여긴다는 뜻이다. '아니, 그럴 리가 없어, 거래처 직원은 원래 다 그래'라고 믿고 싶을지도 모른다. 하지만 협상 상대가 당신이 아닌 카리스마 넘치는 간부였다고 해도 과연 동일한 요구를 했을까?

무리한 요구를 한다는 자체가 상대가 당신을 아래에 놓고 본다는 의미다. 그럼 어떻게 해야 할까?

아주 간단한 방법이 있다. 바로 '복장과 색상의 위엄'을 활용하는 것이다.

상상해보라. 영업사원 두 명이 당신을 찾아왔다고 하자. 한 사람은 감색 양복 차림인데 옷이 잔뜩 구겨져 있고, 재킷의 단추도 하나 떨어졌으며, 구두도 지저분하다. 다른 사람은 주름 하나 없는 검정 양복을 매끈하게 차려입고, 구두도 깔끔하게 관리되어 있다. 둘 중 누구에게 일을 맡기고 싶을까?

답은 이미 정해져 있다.

주름 하나 없는 깔끔한 검은 정장 차림은 누가 봐도 위엄과 품격을 갖춘 능력 있는 사람이라는 인상을 준다. 실제로 수상이나 대통령, 사장, 재판장 등 사회적 지위가 높고 세련된 사람들은 주로 검정색을 입는다.

상대가 당신을 위엄과 품격을 갖춘 사람으로 느낀다면 터무니없는 요구 따위를 하는 일은 사라질 것이다. 어설프게 가격 인하를 요구해서 실력 있는 사람을 잃게 될 손실을 감당하고 싶지 않기 때문이다. 당신의 능력과 수완이 뛰어날수록 상대는 당신을 놓치려 하지 않는다.

옛날에는 장례식 때 입는 불길한 색이라 해서 검정색을 멀리 하는 경향이 있었지만 요즘은 도시적이고 세련된 색이란 이미지가 강하므로 아무쪼록 검정색 정장을 멋지게 소화하는 기술을 익히면 많은 도움이 될 것이다.

'고압적인 태도'

얄미운 상대를
한 방에 날린다

어느 시대건 깐죽대며 얄밉게 구는 사람이 있는 법이다.

예전이라면 주먹을 치고받으며 싸움이라도 해서 조용히 만들기라도 했겠지만 요즘 시대에 폭력으로 문제를 해결하는 방법은 바람직하지 않다. 더구나 조직 안에서 이런 행동을 했다가는 자칫 해고를 당할 수도 있다.

그렇다고 해서 가만히 입 다물고 참고 있자니 쌓이는 스트레스가 만만치 않다. 그럼 아니꼬운 상대를 어떤 식으로 처리해야 조용히 만들 수 있을까?

미국 스탠퍼드대학에서 한 실험이 이루어졌다. 4명의 남성을 둘씩 짝을 지어 두 그룹으로 나눈 다음 한 사람은 회사 고용주, 나머지 한 사람은 취업희망자라는 설정으로 고용조건을 협상하게 한 것이었다.

흥미롭게도 고용주가 점잖은 태도를 취한 그룹은 취업희망자가 원하는 방향으로 입사조건이 합의된 데 반해, 고용주가 거만한 표정을 지은 채 의자를 젖히고 앉아 고압적인 태도를 보인 그룹에서는 고용주 측이 제시한 조건을 대부분 수용하는 결과가 나왔다.

상대가 고압적인 태도로 나오면 '빨리 이 자리를 벗어나고 싶다'는 심리가 작용하여 무조건 상대가 원하는 대로 따르게 된다.

누구나 고압적인 태도를 보이는 사람과는 가까이 하고 싶어 하지 않는다.

만약 당신에게 깐죽대며 얄밉게 구는 사람이 있다면 그 사람 앞에서는 최대한 고압적인 태도를 취해보라.

이야기를 나눌 기회가 생기면 상대보다 더 큰소리를 내

는 방법도 매우 효과적이다. 목소리의 크기는 그 자리를 지배한다.

이는 유소년 시기에 부모님께 큰소리로 혼나던 기억을 무의식적으로 떠올리게 하기 때문이다. 부모님께 혼나던 기억이 떠오르면서 저절로 움찔하는 것이다.

거절

—

집요한 요구를
세련되게 거절한다

집요하게 요청하는 권유를 거절하기 위해 쓸데없이 한마디 덧붙였다가 점점 더 거절하기 힘들어질 때가 많다.

"마침 지금은 돈이 없어서…", "지금은 필요가 없네요. 나중에 필요한 일이 생기면 연락하겠습니다", "생각해볼게요" 같이 상대에게 상처주지 않고 거절하려는 의도로 한 말에 상대는 기대를 품는 곤란한 상황에 빠지고 만다.

"마침 지금은 돈이 없어서…"에는 "돈 때문에 구입이 망설여진다면 할부로 하시면 어떠세요?"라는, "나중에 필요하면…"에는 "그럼 그즈음에서 다시 찾아뵙겠습니다"라는, "생각해볼게요"에는 "그럼 좀 더 상세한 자료를 보여드리겠습니다"라는 대답이 되돌아올 것이다.

결국 관계가 계속 이어지면서 제품을 구입하지 않는 한 끝나지 않게 되고 만다.

여기 미국 다이렉트셀링협회Direct Selling Association에서 실시한 재미있는 조사가 있다.

판매원을 대상으로 실시한 설문조사에서 핑계를 대며 거절하는 고객과 한 번에 단호하게 거절하는 고객 중 '후자' 쪽이 오히려 정신적인 상처가 적다는 결과가 나왔다.

얼핏 이해하기 힘든 현상이지만 곰곰이 생각하면 당연하다는 생각이 든다. 판매와 권유를 하다 보면 거절당하는 일이 다반사다.

그런데 상대가 변명을 덧붙이면 기대를 갖게 된다. 일단 실망하면서도 그 한마디에 희망을 품었는데 또다시 실망으로 이어지면 정신적으로 막대한 상처를 받는다.

역설적으로 느껴질 수도 있지만 단호하게 거절하는 편이

상대를 불쾌하게 만들지 않는 최선의 방법이다. 비즈니스에서도 마찬가지다. 일을 거절할 때는 구차한 변명을 덧붙이지 말고 깔끔하게 거절하라.

"죄송합니다, 구입의사가 없습니다"라고 말하면 상대도 다른 방법을 찾게 되므로 서로가 편해진다. 이럴 때는 어설픈 기술보다는 단호한 거절이 가장 효과적이다.

'세로토닌'

직장에서 우습게
보이지 않으려면

어느 직장이든 주변 사람들에게 무시를 당하는 사람이 있다. 이들에게는 공통적인 특징이 있다.

정신적으로 약한 사람, 이런 사람은 상사와 동료로부터 따돌림을 받는다. 하지만 정작 당사자는 정신력을 어떻게 단련해야 하는지 모르기 때문에 결국 악순환에 빠져 헤어나지 못한다.

직장에서 무시당하는 존재가 되지 않으려면 정신력을 강하게 단련해야 한다.

그런데 정신을 단련하려면 무엇보다 체력부터 단련해야 한다는 사실을 명심하라.

'건강한 신체에 건전한 정신이 깃든다'는 유명한 격언이 있을 만큼 몸과 정신을 분리해서는 생각할 수 없다.

정신적으로 강해지기 위해 명상과 좌선에 열중하기도 한다. 물론 그 자체가 나쁘다고는 할 수 없지만 그보다 먼저 신체부터 단련하자.

정신을 단련하는 데 중요한 역할을 한다고 알려진 신경전달물질 가운데 '세로토닌Serotonin'이라는 호르몬이 있다. 세로토닌이 부족하면 정신적인 균형이 무너지면서 폭력적인 성향이 강해지거나 우울증에 걸리기도 한다.

안색이 나빠지고 모든 일을 부정적으로 생각하는 등 불행한 상태를 만든다. 이 세로토닌의 분비를 촉진시키려면 운동을 해야 한다.

세로토닌이 활발하게 분비되면 정신이 건강해지고 의욕이 샘솟으며 집중력도 좋아진다.

무엇보다 자신감이 넘친다. 마치 다른 사람처럼 보이기

시작할 것이다.

"정말 운동이 정신건강과 관계가 있나요?"라고 의문이 드는 사람을 위해 일본의 운동 부족 인구와 우울병 환자수의 비율이 동일하다는 사실을 밝혀둔다.

자, 바로 운동을 시작할 마음이 샘솟지 않는가.

SALES

2.

Chapter 2.

NO를
YES로 바꾸는
위험한 심리술

'힘의 기술'

질문 하나로 마음을 움직인다

이제부터 재미있는 실험을 하겠다. 지갑을 열어 100원이든 1,000원이든 상관없이 돈을 꺼낸다. 그리고 곧바로 이 돈을 어느 한쪽 손에 잡는다. 당신이 어느 손에 돈을 잡고 있는지 맞혀보려고 한다. 준비되었는가?

한쪽 손에 돈을 쥐어본다. 오른손, 왼손 어느 쪽이든 상관없다. 다 끝났는가? 그럼 이제 어느 쪽 손에 돈을 잡고 있는지 맞혀보겠다.

"설마 오른손에 잡고 있지는 않겠지요?"

어떤가? 맞았는가?

어느 쪽 손에 잡고 있건 난 정답을 말했다. 만약 오른손에 잡고 있었다면 '맞아, 오른손에 있어'라고 느낄 것이고, 왼손에 잡고 있었다면 '분명 오른손에는 돈이 없지'라고 생각할 것이다. 이는 멘탈리스트가 자주 사용하는 기술인 '힘Force'이라는 것이다.

비즈니스 현장에서도 당신이 원하는 쪽으로 상대방의 선택을 유도하는 방법이 있다.

예컨대 A와 B라는 상품이 있다. 당신은 B상품을 앞에 앉은 고객에게 판매하고 싶은데, 상대는 어느 쪽을 선택할지 고민하는 듯하다. 이 순간 "두 상품 모두 훌륭합니다. A는 기능성이 뛰어나고, B는 세련되지요. 고객님께서는 어느 쪽이 더 끌리십니까?"라고 말하면서 재빨리 고객 쪽으로 B상품을 A상품보다 살짝 앞으로 내민다.

마침 상대는 직감과 취향이라는 애매한 선택지에서 대답을 찾던 중이었으므로 순간적으로 움직인 B에 시선이 간다. 그러면 고객의 80퍼센트는 B상품을 선택한다.

'마인드 컨트롤'

헤어질 때 강렬한 인상을 심다

"아니, A씨 아닌가? 오늘은 외근인가 보군. 고생이 많네."

"별말씀을요. 그런데 B씨도 어디 가시는 길인가 봅니다."

외근 나간 거래처에서 고객과 우연히 마주치면 대개 이런 대화가 오갈 것이다. 그런데 이런 식으로는 고객에게 아무 인상도 줄 수 없다.

다른 사람에게 인상을 심어주는 것은 당신이 상상하는

이상으로 중요하다.

　뉴욕 디먼칼리지의 심리학자 R. 심발로 교수는 상대와 헤어질 때 수수께끼 문제를 내주는 실험을 진행했다. 100명에게는 헤어지면서 일반적인 인사를 건네도록 했다. 반면 또 다른 100명에게는 수수께끼 문제를 내고는 답을 알려주지 않은 채 헤어지도록 했다.

　일주일 뒤 각각의 실험대상자를 조사한 결과, 수수께끼 문제를 받은 그룹에서는 일주일 전에 헤어질 때의 상황을 선명하게 기억한 반면, 인사만 하고 헤어진 그룹에서는 이전에 만난 사실조차 기억하지 못하는 사람이 다수 있었다고 한다.

　그럼 외근 나갔다가 우연히 거래처에서 만난 고객에게 당신은 어떻게 대해야 할까? 상대는 거래처에서 일하고 있다. 즉 상대의 회사와 뭔가 거래를 한다는 뜻이다. 그렇다면 상대가 솔깃해할 만한 이야깃거리가 분명 있을 것이다.

　"지난번에 나온 신상품 말이죠, 한정수량으로 출시되었는데 꽤 반응이 좋았나 봐요. 고객들의 인기가 대단했죠. 앗, 실수했네요. 외부에는 발설하지 말라는 지시를 받았는데 그만…."

이런 말을 들으면 꽤 신경이 쓰인다.

그러면 상대는 '도대체 어떤 상품일까? 그렇게 잘 팔린다면 우리 쪽에도 납품을 해달라고 할까' 등을 생각하기 시작한다. 여기에 애매모호하게 말끝을 흐리면 상대는 더욱 애를 태우며 머릿속으로 온갖 상상을 펼칠 것이다.

이제 상대는 당신의 회사와 뭔가 거래할 일이 생기면 곧바로 당신을 떠올릴 것이다. 헤어질 때 전부를 말하지 않는 것이 비결이다. 반드시 상대가 신경 쓰일 법한 지점에서 멈춰라. 단, 헤어지는 타이밍을 잘 잡아야 한다. 자칫 상대에게 "왜 벌써 가십니까? 그 이야기 좀 더 해주고 가세요"라며 잡히기라도 하면 강렬한 인상 남기기에 실패할 수 있으므로 주의한다.

'반보성의 법칙'

반드시 고객의 YES를
받아내는 방법

영업의 최고 묘미는 영업상대인 클라이언트에게 "YES"를 받아냈을 때가 아닐까?

하지만 매번 상대가 고개를 끄덕여줄 리는 없다. 이런 때 상대에게 "YES!"라는 긍정적인 대답을 이끌어내는 유도기술인 '반보성反報性(타인이 자신에게 어떤 은혜를 베풀었으면 비슷한 형태의 답례를 해야 한다는 강박관념)의 법칙'을 사용한다.

처음에는 먼저 상대에게 무리가 될 만한 부탁을 한다. 당연히 상대는 부정적인 대답을 할 것이다. 이번에는 살짝 기대할 만한 수준의 부탁으로 전환한다. 사람들 중 70퍼센트는 이번에도 부정적인 반응을 보낼 것이다. 그럼 이제 원래 의도했던 부탁을 슬쩍 꺼낸다.

상대도 여러 번 거절했기 때문에 이번에도 "NO"라고 말하기가 미안해져서 고개를 끄덕이게 된다.

실제 영업장면을 예로 들어보겠다.

당신이 만 원짜리 상품을 판매하려 한다고 하자. 먼저 10만 원짜리 상품을 소개한다. 물론 가격 부담이 크므로 당연히 구매하지 않는다. 그런 다음 "여기 5만 원짜리 상품도 있는데 어떠세요?"라고 권한다. 상대는 미안해하면서 거절한다.

바로 이때 원래 판매하고자 했던 상품을 꺼내 "그럼 이건 만 원인데, 어떻게 구매해주실 수 없을까요?"라고 말한다. 당신이 고객이라면 이 정도는 사도 괜찮을 것 같다고 생각하지 않겠는가?

누구에게나 '반보성의 심리'가 있다. 상대가 먼저 뭔가를 해주면 어떻게든 보답하고 싶어 하는 심리다. 이 장면에서는 이미 두 번이나 양보를 했으므로 '양보=보답해야 한다'는 도식화가 성립되어 그리 필요하지는 않더라도 만 원 정도라면, 하고 구매한다.

이는 '도어 인 더 페이스Door in the face(상대방이 문을 열면 갑자기 얼굴을 들이미는 것, 상대방의 죄책감을 유도하는 수법)'라고도 하는 기술로 높은 실적을 올리는 영업맨일수록 무의식적으로 활용하고 있다.

이 기술은 상대가 처음 거절했을 때 지체하지 말고 곧장 다음 부탁을 제시해야 한다. 최초 부탁을 한 후 다음 부탁까지 시간이 길수록 효과가 떨어지므로 주의하기 바란다.

'초이스 컨트롤법'

고객의 구매심리를 조정하라

이 책 머리말에서 소개한 심리술을 기억하는가? 당신이 가만히 서서 지그시 천장을 바라보면 주위에 있던 몇몇 사람도 당신이 바라보는 곳에 무엇이 있는지 궁금해하며 뒤따라서 천장을 쳐다본다던 현상 말이다.

이처럼 사람의 '의사결정'은 의외로 다른 사람의 행동에 영향을 많이 받는다고 할 수 있다. 이를 '행동의 동조'라고 한다. 이 이론은 사람의 행동이 물리적인 환경에 영향을 받는다는 사실을 증명한다. 이런 현상을 '환경심리학'이라 하기도 하는데 이와 관련된 많은 연구가 진행되고 있다. '행동의 동조'라는 심리를 활용하면 업무적으로, 특히 판매활동에서 매우 유리하게 작용할 수 있다.

당신이 해야 할 일은 아주 간단하다.

고객과 자연스럽게 이야기를 나누면서 당신이 판매하고자 하는 상품을 의도적으로 쳐다보는 것이다. 이 간단한 행동만으로도 해당 상품으로 상대의 주의를 끌 수 있다.

이때 반드시 비교 대상을 마련해야 한다는 점을 기억하라. 예컨대 카메라라면 왼손에는 판매하고자 하는 카메라를, 오른손에는 일반 카메라를 들고 있어야 한다.

상대가 오른손잡이라면 판매하려는 물건은 당신의 왼손에 두어야 한다. 반대로 상대가 왼손잡이라면 판매하려는 물건은 오른손에 있어야 할 것이다. 일반적으로 자주 사용하는 쪽으로 신경을 집중하기 때문에 쉽게 의식도 향하게 된다.

비교 대상이 없으면 이 기술은 사용할 수 없으니 주의하라.

'미러링'
—
무의식적으로 고객이
마음을 열게 하다

미러링Mirroring이란 '거울을 비춘다'는 의미다. 거울 속에 비친 나는 실제 나와 똑같이 행동한다. 이처럼 마치 거울로 비추는 것처럼 상대와 같은 동작을 취한다는 의미에서 미러링이라고 부른다.

　일반적으로 미러링에는 두 가지 종류가 있다. 하나는 행동이고, 또 하나는 언어(말)에 관한 것이다.

그런데 언어와 관련된 미러링 수법을 잘못 이해하고 사용하는 사람이 있다. 실제 대화를 예로 들어보겠다.

상대방이 "이번에 여동생이 결혼을 하는데 괜스레 제가 더 설레네요"라고 말하면, 미러링을 잘못 이해하는 사람은 틀림없이 "이번에 여동생분이 결혼을 하신다구요? 당연히 설렐 수밖에요"라는 식으로 맞장구를 친다. 앵무새가 흉내 내는 것처럼 들려서 오히려 상대는 놀림 받는다는 느낌이 든다. 이렇게 해서는 마음이 열리기는커녕 신용마저 잃어버리고 만다.

올바른 미러링 사용법은 다음과 같다.

"그거 정말 축하할 일이네요. 아름다운 여동생분께서 새로운 가정을 꾸리면 멋진 가족이 하나 더 생겨나겠는데요."

똑같은 문장을 반복하는 대신 핵심적인 부분만 뽑아서 사용한다. 그러면 상대도 앵무새처럼 의미 없는 따라하기가 아닌 자신의 말을 귀담아 듣고 있다고 느낀다.

핵심 비법은 상대가 한 말을 그대로 반복하지 않는 것이다. 숙련을 요하는 기술로 머리를 써서 신중하게 어휘를 선택해야 하지만 익숙해지면 무의식적으로 자연스럽게 가능해진다.

또 한 가지 주의해야 할 사항은 미러링을 한 후에 상대가 "네, 그렇습니다"라는 대답이 나올 만한 문장을 사용해야 한다는 것이다.

긍정의 표현을 이끌어내려면 반드시 긍정적인 표현을 사용해야 한다는 사실을 잊지 마라. 부정적인 표현이 들어가지 않도록 세심한 주의를 기울여야 한다.

'바디랭귀지 조작법'

3초 후 상대의
행동을 따라한다

서비스업 종사자 가운데는 고객과 원활한 커뮤니케이션이
이루어지지 않아 고민하는 사람이 많다.

첫 대면에서 대화를 나눌 때 상대의 기분을 상하게 하지
는 않을까 하는 공포가 긴장으로 이어져 의도치 않게 고객
에게 불쾌감을 주는 일도 있다고 한다. 이런 사람에게는 '동
작 미러링'이 효과적이다.

어떻게 하면 자연스럽게 동작을 따라할 수 있을까?

가장 좋은 방법은 상대가 행동한 후 3초 뒤에 보조를 맞추는 것이다. 대개 상대가 행동하자마자 곧바로 반응해야 한다고 착각한다. 하지만 상대의 잠재의식에는 3초 후에 나타난 반응이 훨씬 강하게 남는다. 1~2초 뒤에 한 반응은 상대의 현재의식에서 받아들이기 때문에 어딘가 부자연스러운 인상을 준다.

그러나 3초가 지나면 현재의식에서 벗어나므로 상대는 결코 당신이 자신의 행동을 따라한다고 의식하지 못한다.

실제로 우리는 유아기부터 3초 안에 일어난 일을 기억에 새기는 훈련을 반복해왔다.

예전 유치원에서 뭔가를 시작할 때마다 선생님이 했던 "준비! 땅!"이라는 구호를 기억하는가? 실은 이 구호가 3초다. "하나, 둘, 셋!"도 마찬가지다.

상대가 볼펜을 들면 3초 후에 볼펜을 집어 든다. 그러면 상대는 잠재의식 속에서 '이 사람, 왠지 모르게 믿음이 가는 걸'이라고 느끼기 시작한다.

익숙해지면 무의식적으로 동조동작을 하게 될 것이다.

'호흡 컨트롤'

전화로 승낙을 받아내는 손쉬운 방법

사실 전화라는 도구는 상대와 신뢰구축을 해나가는 데 매우 효과적인 수단이다. 많은 사람이 '직접 만나서 이야기 하는 편이 더 좋지 않을까?'라고 생각하지만 실은 그렇지 않다.

왜 전화가 더 효과적일까? 한마디로 상대의 얼굴이 보이지 않기 때문이다.

얼굴을 마주하면 표정을 읽기 때문에 미처 예상하지 못

한 반응이 나오기도 한다. 하지만 전화에서는 말소리에만 의존하므로 이런 오류를 막을 수 있다.

게다가 전화에서는 의외로 간단히 상대와 호흡을 맞출 수 있다. 그런데 상대와 호흡을 맞추는 작업이 왜 그렇게 중요할까?

호흡을 맞춘다는 것은 상대의 기분과 행동을 함께 나눈다는 뜻이기 때문이다.

오케스트라의 지휘자를 본 적이 있는가?

지휘자는 과장된 몸짓으로 지휘봉을 휘두르며 오케스트라 단원들에게 지시를 내린다. 이는 연주 타이밍을 알려주려는 목적만은 아니다. 사실 지휘자는 단원들의 호흡을 통제하고 있는 것이다.

지휘자가 지휘봉을 올려든 채 정지하면 오케스트라 단원들도 일제히 숨을 멈추고 곧바로 연주를 시작할 수 있는 자세로 대기한다. 그리고 지휘봉이 아래로 내려오는 동시에 숨을 내뱉으며 음을 내기 시작한다.

느린 곡조를 연주할 때는 연주자가 깊이 호흡할 수 있도록 천천히 움직이지만, 박자가 빠른 곡일 때는 격렬한 움직임으로 연주자가 숨 쉴 틈조차 없도록 이끌어간다.

곡의 흐름과 더불어 전체 단원이 하나로 호흡하는지가 성공적인 연주를 평가하는 척도가 되는 셈이다.

전화로 상대가 말할 때는 숨을 내뱉고, 중간에 살짝 틈이 생기면 숨을 들이마신다. 이렇게 하면 상대와 호흡방식이 일치되어 상대는 당신에게 편안함을 느낀다.

여기에 말하는 속도까지 맞추면 동일감이 더욱 강해져서 신뢰감을 형성하기가 쉬워진다.

'구체성의 힘'

프레젠테이션의 성공률을 높여라

"이 다이어트 제품은 효과가 정말 좋습니다."

"자사 조사에 따르면 2년 전부터 판매를 시작한 이 다이어트 제품은 사용한 고객 중 83.4퍼센트가 효과가 있었다고 응답했습니다. 신주쿠에 사는 34세 여성은 3월부터 이 제품을 먹기 시작했는데 5월 23일 현 시점에서 약 27킬로그램 감량했습니다!"

과연 누구의 말에 더 신뢰감이 생기는가?

당연히 두 번째일 것이다. 아무리 프레젠테이션이 훌륭해도 구체적인 예가 없으면 좋은 제품이라는 말밖에 할 수 없다.

반대로 거짓이더라도 구체적인 예를 들면 신뢰감이 생길 수밖에 없다.

워싱턴대학교에서 실험을 진행한 결과, 구체적인 예를 들어 설명하면 신빙성이 33퍼센트나 상승한다는 것을 확인했다. 즉 구체적인 사례가 수반되지 않으면 프레젠테이션의 신뢰도 또한 떨어진다는 의미다. 이것을 '구체성의 힘'이라고 한다.

이 사실을 누구보다 잘 아는 사람이 카피라이터들이다. 카피라이터라고 하면 감각적인 문구를 만들어내는 사람이라는 인식이 강하지만 이는 캐치프레이즈Catchphrase(광고 등에서 사용되는 표제)에만 해당되는 사항으로, 나머지는 구체적인 사항들을 얼마나 간결하고 함축성 있게 담아내는지가 관건이다.

이런 전문적인 방법을 잘 활용한다면 당신의 업무에 큰 도움이 될 것이다.

거짓말도 구체적인 사례를 들어 이야기하면 상대는 넘어

오고 만다. 아무리 허무맹랑한 이야기도 구체적이라면 '정말 그럴 수도 있겠다…'라며 믿게 되는 것이다.

능숙한 사기꾼은 아주 치밀하고 상세하게 말을 꾸며대어 상대를 속인다. 악용하면 안 되지만 그만큼 '구체성의 힘'이 막강하다는 점만은 강조하고 싶다.

'서브리미널 효과'

고객과 상담할 때
잠재의식을 자극한다

'서브리미널 효과Subliminal Effect'란 상대의 무의식을 자극하는 방법을 말한다. 영화 장면에 관객은 인지하지 못하는 코카콜라와 팝콘 영상을 정기적으로 삽입했더니 여기에 노출된 사람들은 영화관람 후 콜라와 팝콘을 사먹었고, 결과적으로 영화관 매출이 올라갔다는 유명한 이야기가 있다.

하지만 이것은 서브리미널 효과를 과장하여 만들어낸 거

짓으로 사실 과학적으로 입증된 바는 없다고 한다.

"그럼 서브리미널은 효과가 없는 겁니까?"라고 묻는다면 그렇지도 않다.

일례로 일본에서도 '잠재의식 광고의 제한'이라는 법령으로 TV를 통한 서브리미널 광고를 규제하고 있다. 정말 효과가 없다면 금지할 이유가 없다.

이 서브리미널 효과를 영업 상담에 활용하면 당신이 원하는 방향으로 상대를 조정할 수 있다. 그렇다면 대화 속에 어떤 내용을 집어넣어야 할까?

바로 '공포'다.

무엇인가를 판매할 때 '구매하라, 구매하라'는 말을 삽입하면 서브리미널 효과를 낼 수 있다고 착각하는 사람이 있는데 이렇게 하면 무의식의 영역에 도달하기 전에 현재 의식이 먼저 거부한다.

그런데 공포라는 요소는 사람이 가장 본능적으로 흡수하는 요소다.

"이 스프레이는 향이 정말 좋습니다."

"이 스프레이는 향수 같지만 모기가 싫어하는 향이 배합되어 있답니다. 이 제품을 사용하지 않는다면 모기에 물릴 확률이 69퍼센트로 높아집니다."

당신이라면 누구의 말에 구매욕구가 더 자극되는가?

틀림없이 두 번째일 것이다. 두 번째 말에는 공포가 심어져 있기 때문이다.

영업을 할 때 공포라는 요소를 집어넣으면 구매율이 높아진다는 사실은 이미 영국의 심리실험에서도 증명되었다. 공포 요소를 여러 개 집어넣는 대신 하나만 반복하라. 그렇게 하면 상대는 무의식적으로 공포감에 사로잡혀 제품을 구매하지 않고는 못 배기게 된다.

'리피트 유도화법'

구매의사가 없는 제품도 100% 구매하게 만들다

세일즈맨 중에 고객의 구매결정을 재촉하는 사람이 있는데, 당부하건데 이 행동만큼은 결코 해서는 안 된다. 그렇다고 상대의 대답을 손 놓고 기다리다가는 목표액을 달성할 수 없다.

이런 때는 '리피트 유도화법'을 사용하라. 리피트Repeat란 알다시피 반복이라는 의미다. 미국 켄트주립대학교에서 어떤 영상을 보여준 다음 피험자들을 향해 '언짢은 표정'을 짓는 실험을 했다. 영상에 등장한 인물은 맨손 상태였음에도 뒤에 보여준 실험자의 언짢은 표정의 영향으로 '장갑을 낀 인물은…', '지문을 감추기 위해 장갑을 끼고 있었다…'라며 사실(영상)과 다른 기억을 떠올렸다.

피험자들에게 언짢은 표정을 한 번만 보여주었을 때보다 세 번 반복해서 보여주었을 때 '영상 속의 인물이 장갑을 끼고 있었다'고 왜곡된 기억을 하는 사람이 6배 이상 많았다.

이 리피트 유도화술을 당신의 영업활동에 활용하면 상대의 구매욕구를 자극할 확률이 매우 높아진다.

예컨대 "이 화장품은 당신을 아름답게 만들어 줄 겁니다"라는 문구로는 상대의 마음을 끌 수 없다. 그렇다면 어떻게 말하는 것이 좋은 방법일까?

"보세요, 살짝 발랐을 뿐인데 조금 전과는 완전히 달라졌죠? 여기 윤기 나는 거 보이세요?"

상대는 반신반의하면서도 '정말 그런가?'라는 생각이 들기 시작한다. 여기에 덧붙여 "그럼 이번에는 더 비교하기 쉽게 고객님 손에 발라볼게요. 여기 차이가 보이시죠?"

이제 상대의 마음은 이미 기울었다고 할 수 있다. 여기에 마지막 결정타를 날린다.

"고객님, 이 제품을 사용하시면 더욱 아름다워지실 거예요. 10년은 젊어 보이실 걸요."

상대는 이제 완전히 당신의 페이스에 말려들었다. 이 방법은 비즈니스뿐 아니라 연애에도 효과적이므로 한 번 시도해보기 바란다.

'양해와 동의'의 기술

진상 고객을 대하는
효과적인 방법

일을 하다 보면 불만을 제기하는 고객이 나오게 마련이다. 최근에는 '극성 부모' 못지않은 '진상 고객'의 행태가 사회 문제시되고 있다.

이런 골치 아픈 고객을 단숨에 잠재운다고 하면 소란을 피우는 고객을 완력으로 저지하는 장면을 떠올릴 수도 있다. 혹시 오해하는 사람이 없도록 미리 경고하건대 불만을 항의하는 고객을 진정시키기 위해 판매자 쪽에서 강압적인 태도를 취하면 사태가 악화되고 만다. 그런 까닭에 이 방법은 결코 바람직하지 않다.

그럼, 어떻게 해야 할까?

이런 때는 상대의 입에서 '양해와 동의'의 표현이 나오도록 접근하는 방법을 사용한다.

대개 고객의 기분이 상하지 않도록 "대단히 죄송합니다!" 혹은 "당연한 말씀입니다!"라며 고개를 숙이는데, 이렇게 하면 자신의 잘못을 인정하는 꼴이 되어 오히려 고객의 기세를 더욱 거세게 만든다.

물론 성의 있는 태도로 고객이 하는 말에 귀를 기울여야 하지만 타이밍을 잘 노려서 '양해'와 '동의'를 구할 필요가 있다.

"고객님께서 말씀하신 이 부분은 이런 식으로 알아들었습니다만 제 생각이 맞습니까?"

"이 부분을 전 이렇게 이해했습니다만 그렇습니까?"

이런 질문으로 상대에게 "그래요", "네, 맞습니다"라는 양해와 동의의 표현을 이끌어내는 것이다.

이러한 사소한 양해와 동의의 표현이 거듭될수록 상대는

분노 상태에서 서서히 진정되어 간다. 이 방법은 미국에서 활동하는 대다수의 인질 교섭 전문가도 활용하는 기술로 협상의 기본 중 하나로 손꼽힌다.

상대의 요구사항을 정확하게 파악할 수 없는 상황에서도 효과적으로 사용할 수 있는 방법이므로 꼭 활용해보기 바란다.

'자기중요감의 심리'

'이 사람'을
내 편으로 만들어라

세일즈맨을 대상으로 한 비즈니스 서적을 보면 '클라이언트 중에서 결정권을 가진 인물을 찾으라'고 충고한다. 물론 틀린 말은 아니지만 정답도 아니다.

결정권을 가진 사람을 찾아야 하는 까닭은, 즉 금전적인 결재권을 가진 사람이기 때문이다.

알다시피 경리부는 회사의 가장 비밀스러운 부분으로 좀

처럼 외부로 모습이 드러나지 않는다. 그런데 이 경리부의 책임자를 내 편으로 만들면 자신의 뜻대로 일을 처리하기가 쉬워진다는 사실이 실험을 통해서 증명되었다.

영국 금융가에서 이루어진 조사에서 경리담당부의 입김이 회사의 최종 결정에 결정적인 작용을 한다는 결과가 나왔다. 미국에서는 탐정을 고용해 '경리부에서 결정권을 가진 인물'을 알아낸 후 우연을 가장하여 그 사람을 회사 외부에서 접촉하는 일도 있다.

이처럼 서구에서는 경리담당자를 매우 중요한 인물로 생각한다. 왜 이렇게까지 '경리담당자'를 중시할까?

실제로 금전적인 결정권을 가진 사람은 회사 창립 멤버일 가능성이 매우 높다. 그렇다면 사장과 비슷한 수준의 발언권이 있으며 회사의 주식을 보유하고 있을 가능성도 크다.

이들은 당연히 모르는 사람의 느닷없는 요구를 경계할 수밖에 없다. 하지만 만약 경리담당자와 아는 사이라면 '이 사람이라면 잘 아니까 괜찮아'라며 쉽게 허락해줄 것이다.

이를 '자기중요감'이라고 한다. 자신이 아는 사람이니까 믿을 수 있다고 생각하는 심리다.

당신이라면 '평소에 알고 지내던 사람이 직접적으로 한

제안'과 '생면부지의 사람이 해온 제안을 제3자를 통해 전해 들었을 때' 어느 쪽 의견을 채택하겠는가?

동일한 조건이라면 아는 사람이 한 제안을 선택할 것이다. 그러면서 "그 친구라면 믿을 만해"라고 말할 것이다.

이것이 바로 자기중요감의 심리를 이용한 기술이다.

'공포심리'

—

구매율을 최대로
끌어올리다

어느 회사에나 세일즈의 달인이 있다. 늘 1위의 영업실적을 올리며 회사 매출에 막대한 공헌을 하며 인품도 훌륭하다.

한편 서점에 가면 '이렇게 하면 당신도 세일즈왕이 될 수 있다'는 종류의 제목을 내건 책들이 즐비하다. 그런데 그 책에 적힌 대로 아무리 열심히 따라 해도 전혀 효과가 없다.

사실 세일즈는 전혀 어렵지 않다. 세일즈 법칙에 따라 그대로 행동에 옮기면 반드시 성과가 나오게 마련이다. 그 다음은 지속적으로 그 수를 늘려나가면 된다. 수많은 톱 세일즈맨들은 이 법칙을 꾸준히 실천에 옮겼을 뿐이다.

그렇다면 사람은 어떤 상황에서 지갑을 열게 될까?

지불하는 금액 이상으로 가치가 있다고 판단했을 때다. 자신에게 유익하다고 판단했을 때 기꺼이 돈을 내는 것이다.

만 원짜리 물건을 천 원에 팔고 있을 때, 비록 그것이 필요하지 않더라도 '언젠가 필요할 수도 있으니까 일단 사둘까'라고 생각한 적이 있을 것이다.

이는 손해를 볼 수도 있다는 공포심에서 비롯된 심리다.

이처럼 상품이 제시한 금액 이상의 가치가 있고, 당장 사지 않으면 손해를 볼 수 있다는 '공포' 요소를 심어주면 반드시 판매가 된다.

드류 에릭 휘트먼Drew Eric Whitman이라는 심리학에 정통한 카피라이터가 이런 말을 했다.

"공포심을 조장하면 잘 팔린다. 공포는 사람을 자극하여 마음을 급하게 만든다. 그런 까닭에 행동을 재촉하여 지갑을 열게 하는 것이다."

실제로 사회심리학자와 소비자연구단체에서도 이 효력

에 대해 50년 이상 연구를 진행하며 증명해오고 있다.

세일즈 성과를 비약적으로 높이고 싶다면 대화 속에 공포 요소를 심어두고 고객이 자극을 느낀 순간 곧바로 구입할 수 있도록 결제수단을 항상 준비해둔다. 그 자리에서 감지되는 공포를 제거하려는 심리가 작용하여 한시라도 빨리 당신의 상품을 구매하려고 할 것이다.

'웃음 효과'

은연중에 드러나는 '거짓 웃음'에 주의한다

고객 앞에서 가장 신경 써야 할 표정으로 '미소 띤 얼굴'을 꼽는 사람이 대다수다. 하지만 항공기 승무원 정도의 훈련된 전문가가 아니라면 '미소 띤 얼굴'은 꽤 부자연스러운 표정이 되고 만다. 즉 '미소'가 아니라 '거짓 웃음'이 된다.

사람은 웃으면 반드시 눈꼬리에 주름이 잡힌다. 하지만 억지로 만든 웃음에는 이 주름이 생기지 않는다. 이런 상식이 없더라도 대부분은 상대가 진심으로 웃는지 아닌지를 무의식적으로 감지해낸다.

사람들은 어떻게 상대의 거짓 웃음을 알아차릴까?

펜실베니아주립대학교의 산업심리학자 앨리샤 그란데 Alicia Grande 교수가 실시한 조사에 따르면, 미소 띤 얼굴의 전문가(항공기 승무원이나 비서 등)와 그 외 강제적으로 미소를 지어야 하는 직종(영업, 서비스 직종 등)을 비교했을 때 후자 쪽이 심장병, 암, 고혈압에 걸릴 위험이 두 배 이상 높게 나타났다고 한다.

즉 거짓 미소는 막대한 스트레스를 초래하는 행위로 이를 지속하는 사이 몸은 긴장상태에 놓이게 되는데 상대 또한 이 사실을 눈치채게 되는 것이다.

그러므로 고객을 대할 때는 미리 즐거웠던 기억을 떠올려서 진심에서 나오는 웃음을 만드는 훈련을 해야 한다.

일상생활에서도 많이 웃으려고 노력하고, 코미디 프로그램을 보는 등 웃음을 생활화하면 자연스러운 미소를 지을 수 있을 것이다.

TRUE
FACE

3.
Chapter 3.

표정, 몸짓,
움직임으로
상대의 마음을
투시한다

'마이크로 제스처'

'손동작'으로 상대의 동요를 간파한다

얼굴 미세 표정학 연구의 일인자인 폴 에크먼^{Paul Ekman} 박사를 모델로 한 〈라이 투 미^{Lie to me}〉라는 해외 드라마를 본 적이 있는가?

0.2초 안에 반드시 나타나는 진실이 담긴 표정과 몸짓을 소재로 한 드라마로 '사람의 몸짓'에 관해 상세한 설명을 덧붙여주기 때문에 공부에 무척 도움이 된다.

그런데 이 드라마 안에서도 다루지 않는 내용이 있다.

다름 아닌 '마이크로 제스처Micro Gesture', 이른바 '미세 표현'이다.

순간적으로 얼굴에 나타나는 표정을 '미세 표정'이라 한다면, 순간적인 신체동작을 '미세 표현'이라 한다.

신체 전체가 마이크로 제스처(미세 표현)의 관찰대상이지만 여기에서는 그 중에서도 판단하기 쉬운 부위인 '손'을 주목해보겠다.

한 남녀 커플이 마주 앉아 식사를 즐기고 있다. 여러 대화가 오고가던 중 파트너의 외도에 대한 이야기가 나왔다. 그 순간 지금까지 앞으로 몸을 기울인 채 대화를 나누던 남자가 손을 슬쩍 테이블 아래로 숨기고 몸을 뒤로 젖힌다.

이런 행동을 회피행동이라 하는데, 마음에 걸리는 부분이 있어 대화의 주제에서 도망치려는 심리가 도망치려는 몸짓으로 나타나는 것이다.

손의 변화는 매우 중요한 정보를 제공한다.

상대가 무의식적으로 하는 손동작을 통해 쉽게 그 사람의 성향을 파악할 수 있다. 그 중 대표적으로 알 수 있는 방법을 소개하겠다.

바지 주머니 안에 손을 넣고 있다고 하자.

이때 엄지만 밖으로 빼고 있다면 자신감의 표현이다. 반대로 엄지만 주머니 안에 넣고 나머지 손가락을 모두 밖으로 빼고 있다면, 자신의 지위가 낮고 자신감이 없음을 나타내므로 이런 동작을 삼가도록 한다.

'위안 행동'

상대의 동작으로
심리를 유추한다

사람은 스트레스를 느끼면 스스로 안정감을 찾으려고 하는 습성이 있다. 이는 사람뿐 아니라 다른 동물에게서도 공통적으로 나타난다.

예를 들어 사자와 호랑이는 동물원이라는 좁은 공간에 가둬두면 스트레스가 쌓인다. 그러면 그들은 우리의 벽 앞을 불안한 듯 왔다갔다 돌아다닌다.

이는 '위안 행동^{Comfort Behavior}'으로 스트레스를 발산하기 위한 목적이다.

사람도 '위안 행동'을 한다. 여기에서는 가장 알아차리기 쉬운, 얼굴을 만지는 동작에 관해 설명하겠다.

먼저 외부에서 스트레스, 특히 압박이 가해질 때 자주 나타나는 무의식적인 '위안 행동'이 '턱을 쓰다듬는' 행위다.

'이마를 만진다'면 부끄러움을 느끼거나 뭔가 고민이 있을 때다. 당신도 경험이 있겠지만 힘든 상황이나 수치심을 느낄 때는 거의 100퍼센트라고 할 수 있을 만큼 이마로 손이 갈 것이다.

또 긴장될 때 흔히 하는 동작 중 하나가 '목을 마사지하는' 것이다. 목을 마사지하는 행위는 심박수를 내리는 효과가 있다. 또 하나는 긴장을 완화하는 행동으로 입속에 공기를 넣어 볼을 부풀려 숨을 내쉬는 행위가 있다. 업무를 일단락 마무리한 후에 무의식적으로 이런 동작을 하는 모습을 쉽게 찾을 수 있을 것이다.

상대의 동작을 관찰하여 그 사람의 심리를 유추하면서 대화를 진행하면 당신이 원하는 결과를 이끌어내는 데 큰 도움이 될 것이다.

'미세 표정의 작용원리'

프레젠테이션의 주도권을 잡다

A : "오늘 프레젠테이션 좋았어. 사업이 될 만한 아이디어이던걸."

　B : "그 프레젠테이션은 너무 길어서 무슨 소리를 하는지 모르겠더라고."

　사실 이것은 동일한 내용을 서로 다른 사람이 프레젠테이션을 했을 때 나타난 수강자의 반응이다. 동일한 내용임에도 대체 왜 이런 차이가 생기는 걸까? 참고로 A는 내가 진행한 프레젠테이션이고, B는 다른 학생에게 부탁하여 진행하게 했다.

'프레젠테이션 경험이 많은 사람이 당연히 더 잘하겠지'라고 생각할 수도 있지만 실은 그렇지 않다. 차이는 상대의 '미세 표정'을 놓치지 않고 잡아내는가에 있다.

미세 표정이란 0.2초 안에 나타나는 솔직한 얼굴 표정이다. 모든 사람은 가식적인 표정을 만든다. 재미없지만 억지로 웃기도 하고, 사실은 화가 나는데도 겉으로는 아무렇지 않은 척하기도 한다. 그런데 이런 가식적인 표정을 만드는 데 1초가 걸린다면 처음 0.2초에는 진심이 담긴 표정이 드러난다.

이런 미세 표정 연구의 최고 권위자가 바로 폴 에크먼 박사다. 수천 가지의 표정을 연구하여 여러 정부기관과 기업을 상대로 컨설팅을 하고 있다.

그런데 프레젠테이션에서 왜 미세 표정이 중요할까? 이를 통해 이 프레젠테이션에 누가 가장 흥미를 느끼는지, 또 그렇지 않은지를 판단할 수 있기 때문이다.

당신이 프레젠테이션을 진행하면서 해당 주제에 흥미를

느낄 법한 사람이 누구인지 알고 있다면 그 사람들을 중심으로 이야기를 풀어갈 수 있다. 반대로 흥미를 느끼지 못하는 사람이 있다면 좀 더 쉽게 설명을 할 수도 있다.

파트너의 외도를 금방 눈치채는 여성들은 대개 표정 변화를 간파하는 능력이 뛰어나다. 그럴 것이 여성은 갓난아기의 표정에서 감정을 읽어내야 한다. 모든 여성은 태어날 때부터 이 '모성본능 유전자'를 이미 가지고 있다. 하지만 남성은 그렇지 못하므로 당신이 남성이라면 훈련을 통해 습득해야만 한다.

'쓴웃음 vs 웃음'

고객의 '이런 표정'에는 무조건 한발 물러서라

'오늘은 기분이 좋아 보이네. 이 기세로 끝까지 몰아볼까?'

'분명 화가 난 것 같은데… 오늘은 그만하는 게 좋을 것 같아….'

'어쩌지… 이대로 계속 할까, 아니면 일단 여기서 접어야 할까….'

영업이나 협상 관련 업무를 하는 사람은 이처럼 습관적

으로 상대의 표정을 살피게 된다.

하지만 사람의 표정은 천차만별이다. 당사자는 전혀 화가 나지 않았는데도 영업하는 쪽에서 지레 겁먹고는 '이 사람은 지금 분명히 화가 났어…'라고 생각할 수도 있다.

그런 까닭에 상대의 표정을 얼마나 정확히 읽어낼 수 있는지가 대단히 중요하다.

여기에서는 무조건 한 발 물러서야 하는 상대의 표정을 다뤄보기로 한다. 상대가 어떤 표정을 지을 때 물러서야 할까? '분노'의 표정을 먼저 떠올리는 사람도 있겠지만 틀렸다.

가장 주의해야 하는 표정은 바로 '쓴웃음'이다.

'쓴웃음'과 '웃음'은 비슷한 듯 보이지만 한 가지 차이점이 있다. 다름 아닌 '눈'이다. 쓴웃음을 지을 때에는 눈이 웃지 않는다. 가식적인 미소라는 뜻이다.

내가 열정적으로 이야기를 하고 있는데 상대가 쓴웃음을 짓는다면 '이야기를 하고 싶지 않다'는 역설적인 태도다. 충고하면 고객과 이야기를 나누다가 이 표정을 발견했다면, 얼른 상담을 마무리하거나 일단 뒤로 물러서도록 하라.

'풋 인 더 도어'
|
불만고객을
내 편으로 만들어라

"그 회사는 대체 물건을 어떻게 만드는 거야! 두 번 다시 거래 안할 테니 그리 알아!"

"처음에 한 말과 완전히 다르잖아요, 환불해줘요!"

어떤 업종이든 고객 불만은 있게 마련이다.

무엇보다 상대가 왜 화를 내는지를 이해해야 한다. 사람에게는 '컨트롤감'이라는 능력이 있는데 이는 스스로 행동하여 자신이 원하는 상황을 만들어내려는 감각을 말한다.

심리학에서는 '모든 일을 자신의 뜻대로 조정할 수 있다'고 생각하는 경향이 강한 사람은 '내적 컨트롤형'이라고 하며, 반대로 '모든 일은 행운 등 자신의 능력 이외의 요소에 의해 결정된다'고 생각하는 경향이 강한 사람을 '외적 컨트롤형'이라 한다.

내적 컨트롤형인 사람은 평소에도 컨트롤감이 강하기 때문에 이 감각이 조금 흔들린다고 해서 쉽게 '화'를 내지는 않는다. 하지만 외적 컨트롤형인 사람은 일상생활에서 컨트롤감을 얻지 못하기 때문에 조금밖에 없는 컨트롤감이 박탈당한다고 느끼면 이를 되찾기 위해 크게 '화'를 낸다.

이런 때는 접근법Close Technique을 사용하라.

이 기술에는 두 가지 방법이 있다. '도어 인 더 페이스Door In The Face'와 '풋 인 더 도어Foot In The Door'다.

영업심리학에서도 자주 등장하는 기술로 들어본 적이 있는 사람도 있을 것이다. 여기에서는 사소한 부탁으로부터 시작하여 단계적으로 요구사항의 강도를 높여가는 '풋 인 더 도어'를 사용한다.

상대는 자신의 컨트롤감을 찾는 데 목적이 있으므로 여

기에 당신이 끼어들면 상대는 컨트롤감을 얻는 데 실패하게 되어 더욱 '화'를 내는 상황이 된다. 일단 상대의 요구를 가만히 들어준다.

상대는 무의식적으로 자신의 컨트롤감을 되찾는 데 도움을 주었다는 사실을 느끼게 되면서 당신 회사에 좋은 인식을 갖게 될 것이다.

반대로 '도어 인 더 페이스'란 처음에 큰 요청을 하고 거절당한 후에 본론이 되는 작은 요청을 하는 것을 말한다. 이 경우 상대는 큰 요청을 거절했기 때문에 다음에 제시되는 작은 요청에 관해서는 양보하려는 심리작용을 이용하는 것이다.

'비언어 미러링'

거래처와의 친밀도를
확인하는 '미러링'

영업을 통해 알게 된 거래처와 골프와 술자리 등을 함께하며 마침내 신뢰를 얻었다고 생각했는데 "죄송하지만 다른 곳과 거래하게 되었습니다"라며 뒷통수를 맞은 경험이 있을 것이다.

'충분히 신뢰를 쌓았다고 생각했는데 뭐가 잘못된 걸까?' 후회해봐야 이미 늦다. 주말도 반납하며 뛰어다닌 노력이 허무하게 느껴진다. 본인만 신뢰를 쌓았다고 생각했을 뿐 상대는 그렇지 않았다는 간단한 논리다.

그렇다고 거래처에다 대놓고 "저를 신뢰하십니까?"라고 확인할 수도 없다. 이런 고민을 하는 사람들에게 유용한 방법으로 무엇이 있을까?

이런 때는 '논버블 미러링Nonverbal Mirroring'이라는 방법으로 신뢰도를 확인할 수 있다. 논버블이란 '비언어'라는 뜻이며, 미러링이란 '거울'을 의미한다. 즉 상대의 행동을 따라하는 것이다.

연인과 데이트를 할 때 커피숍이나 술집에서 이야기를 나누다가 당신이 음료수를 마시면 상대도 거의 동시에 컵을 들어 입으로 가져가는 모습을 본 적이 있을 것이다.

이는 서로에 대한 신뢰가 높아졌을 때 나타나는 현상이다. 이는 연인관계는 물론 사람과 사람 사이의 신뢰가 구축된 상태라면 거의 예외 없이 나타난다.

그렇다면 거래처와 식사를 할 때 당신이 컵을 들 때나 음식을 집어 드는 타이밍에 상대방이 무의식적으로 보조를 맞추고 있는지 아닌지를 살펴보면 당신에 대한 신뢰도를 확인할 수 있다.

단, 타이밍은 3초 이내다.

당신이 컵을 들어 입으로 가져간 후 상대방도 3초 안에 컵을 들어 마시는 동작이 3회 이상 이어진다면 당신에 대한 신뢰도가 매우 높다고 할 수 있다.

그 반대의 경우라면 아직 신뢰가 높지 않다는 것을 자각하고 새로운 방법을 모색해야 할 것이다.

'발의 움직임'

상대의 진심은
'발'에 숨겨져 있다

'발의 움직임'으로 당신 회사의 제품에 관심이 있는지 없는지를 쉽게 알아낼 수 있는 법칙이 있다. 카운터를 사이에 두지 않은 채 직접 고객을 대하는 사람이라면 이미 잘 아는 사실일 수도 있지만 혹시 모르는 사람을 위해 소개하기로 한다.

오래 전부터 사람은 식량을 얻기 위해 사냥을 했고 이를 통해 생활을 유지했다. 이 유전자는 현대를 사는 우리에게도 '신체의 움직임'으로 여전히 이어지고 있다.

기억을 한 번 떠올려보자. 당신은 긴장하면 손이 차가워질 것이다. 실은 이때 당신의 혈액이 한꺼번에 발에 집중되기 때문에 일어나는 현상이다. 왜 하필 발일까?

사람은 본능적으로 공포를 느끼면 그 자리에서 재빨리 벗어나려고 하기 때문이다. 사냥을 하다 보면 사냥 대상으로부터 공격을 당하는 일도 많았을 것이다. 이 경험이 바탕이 되어 우리의 신체는 공포를 느끼면 재빨리 달아나도록 설정되어 있다.

이런 습성을 이용하여 고객의 진심을 파악할 수 있다. 발의 움직임에 주목하라.

발이 당신을 향해 정면으로 있다면 긍정적인 신호다. 하지만 발이 바깥쪽, 즉 당신을 향하지 않는다면 아무리 열심히 떠들어봐야 헛수고일 가능성이 크다.

발이 바깥쪽을 향한다면 당신에게서 빨리 벗어나고 싶다는 심리로 당신이 소개하는 제품에 상대방은 관심이 없다는 신호다.

지금 상대방의 발 위치는 어느 방향을 향해 있는가?

'콜드리딩'

순간적으로
마음을 읽어내다

당신은 '콜드리딩Cold Reading'이라는 기술을 알고 있는가?

이는 점술가나 무속인이 자주 사용하는 화술로 기본적인 정보 없이도 상대의 과거, 현재 그리고 미래까지 알아맞힐 수 있는 방법이다.

비즈니스 현장에서는 사전정보가 중요하다. 그런데 시간이 부족해서 상대에 대한 정보를 완벽하게 알아내지 못했다고 하자. 이런 상황에서 콜드리딩이 톡톡히 빛을 발할 것이다. "콜드리딩이란 누구에게나 해당되는 보편적인 경향을 대충 끼워 맞춰 얘기하는 거 아닌가요?"라며 묻는 사람이 있는데, 이 기술은 그렇게 얕은 수법이 아니다.

먼저 콜드리딩 가운데에서도 비교적 간단한 기술부터 소개하겠다.

바로 '뒤집기 기법'이다. '보이는 것이 90퍼센트'라는 말처럼 대개는 겉모습으로 모든 것을 판단한다.

예컨대 눈앞에 건장한 남성이 있다고 하자. 이 사람에게 "당신은 정말 무섭게 생겼네요… 태어날 때부터 그랬나요?"라고 질문할 수는 없다. '뒤집기 기법'이란 겉으로 드러난 상대의 모습과는 정반대되는 경향을 동시에 말하는 것이다.

"겉모습은 거칠지만 사실 마음은 무척 여리군요."

앞에는 눈에 보이는 인상을, 그 뒤에는 반대되는 이미지를 덧붙이는 방법이다. 여기에서 주의할 점은 뒤에 오는 말은 반드시 '좋은 이미지'여야 한다는 사실이다.

대부분의 사람은 겉으로 보이는 모습과 반대되는 성향을 내면에 지니고 있다. 그런데 다른 사람이 이런 내면의 모습을 말해주면 '아, 이 사람은 나에 대해 정말 잘 알고 있구나'

라며 당신에게 급속도로 호감을 느낀다.

딱 한 번 만난 점술가를 여러 번 다시 찾게 되는 이유는 무엇일까? 만약 '이 사람이라면 틀림없어', '이 사람이 하는 말은 절대적이야'라는 생각이 들었다면 점술가는 자신의 목적을 완벽하게 달성한 것이다.

이제 당신도 '뒤집기 기법'으로 상대의 마음을 꽉 잡기 바란다.

'핫리딩'

소지품만으로
성격을 알아내다

100명의 고객이 있다면 100가지 성격이 있다.

그런 까닭에 한 가지 패턴의 기법으로는 세일즈가 통하지 않을 때가 많다. 앞에서 설명한 '콜드리딩'은 가짜 점술가가 흔히 사용하는 기술로 준비나 사전조사를 전혀 하지 않고도 상대의 성향을 알아맞힐 수 있다.

그 반대가 '핫리딩Hot Reading'이다. 사전에 정보를 조사하여 그 내용을 바탕으로 상대의 성향을 알아맞히는 듯 '연기'를 하는 것이다. 당연히 상대는 사전조사를 했다는 사실을 모르므로 '이 사람은 나에 대해 어떻게 이리 잘 알까'라며 신뢰하게 된다.

핫리딩을 사용하면 고객을 자세히 분석하지 않고도 상대가 당신을 신뢰하게 만들 수 있다.

핫리딩에는 다양한 방법이 있지만 여기에서는 가장 간단한 방법을 소개하겠다.

먼저 고객과 이야기를 나눌 때 상대가 몸에 지니고 있는 물건을 유심히 관찰한다. 복장, 헤어스타일, 시계, 액세서리, 구두, 가방, 기타 등등.

여기에는 상대의 라이프스타일이 그대로 드러나 있다. 수수한 복장이라면 심플한 스타일이거나 검약가이고, 화려한 복장이라면 앞에 나서기를 좋아하고 자기주장이 강한 낭비가일 가능성이 크다.

옷차림은 수수한데 소지품은 모두 명품이라면 매니아적인 성향은 있지만 까다롭지는 않은 등 다양한 정보를 얻을 수 있으므로 여기에 맞춰 세일즈하거나 협상을 진행하면 쉽게 상대의 신뢰를 얻을 수 있다.

'멘탈 블록'

상대의 마음을 열려면
'오른쪽'에 서라

파티문화가 없는 일본이지만 간혹 파티에 참석해보면 한쪽 구석에 가만히 서서 낯선 듯 주변을 두리번거리는 사람이 반드시 있다.

다른 사람과 섞이려는 의지가 없는 듯 그저 컵을 들고 서서 사람들의 모습을 바라본다. 마음속으로는 적극적으로 파티장 안으로 들어가 사람들과 얘기를 나눠야 한다는 사실을 잘 알지만 기회를 잡지 못한 채 결국 파티는 끝나고 만다. 이런 경험이 있는 사람이 많을 것이다.

이런 장면은 일본뿐 아니라 미국에서도 어렵지 않게 눈에 띈다.

파티의 주요한 목적은 인맥 만들기다. 이렇게 하려면 무엇보다 누군가와 이야기를 나누는 데서부터 시작해야 한다. 이제부터 자연스럽게 사람들 무리 속으로 들어가서 대화를 할 수 있는 방법을 전수하겠다.

먼저 왜 상대에게 먼저 다가가 쉽게 말을 걸지 못하는지부터 알아야 한다. 이는 '상대가 경계하지 않을까?'라는 의식이 작용하기 때문이다. 이 의식이 멘탈 블록Mental Block(감정요인에 의해 기억이나 생각이 단절되는 현상)을 형성해서 행동을 가로막는다.

'그런 생각을 해서는 안돼. 그런 생각을 할 수는 없어' 같은 스스로가 만든 정신적 장벽이기 때문에 상대에 대한 경계심을 풀면 모든 문제가 해결된다는 뜻이기도 하다.

사람의 심리는 신체와 밀접하게 연결되어 있다. 사람은 무의식적으로 심장을 보호하려고 한다. 경계심을 느끼는 사람이 왼쪽에 있으면 압박감을 느끼게 된다. 즉 친근하지 않은 상대의 마음을 열고 싶다면 '오른쪽에서 접근'해야 한다. 더구나 대다수가 신체의 오른쪽을 주로 사용하므로 상대의 경계심을 약하게 만드는 효과도 있다.

파티에서 이야기를 나누고 싶은 사람을 발견했다면 주저 말고 오른쪽으로 다가가서 자연스럽게 대화를 시작하라. 그래야 상대는 편안한 상태에서 당신과 대화를 나누게 될 것이다.

단, 이 기술은 왼손잡이에게는 통하지 않으므로 주의한다. 어떻게 아냐고? 어느 쪽 손을 사용하여 음식을 먹는지 순간적으로 관찰하면 쉽게 알아낼 수 있다.

'모델링'

낯선 곳에서는 사교적인
사람을 찾아내라

전근 등으로 직장을 이동하면 완전한 이방인 상태에서 다시 시작해야 한다. 하나부터 열까지 조심스럽고 누구와 이야기를 나눠야 할지도 모르겠다. 게다가 낯까지 가리는 성향이라면 엄청난 스트레스에 시달릴 것이다.

　이런 때는 지체 말고 이렇게 행동하라. 먼저 그곳에서 일하는 사람들의 모습을 관찰한다. 그런 다음 그 가운데에서 가장 사교적인 사람을 찾아낸다.

사교적인 사람 주위에는 자연적으로 사람이 모이게 마련이므로 사교적인 사람에게 먼저 다가가 "여러모로 잘 부탁드리겠습니다!"라고 부탁하면 기꺼이 도움을 줄 것이다. 그 사람과 함께 행동하는 사이 순식간에 아는 사람이 늘어날 것이다.

혹시 당신이 낯을 많이 가려서 다른 사람과 쉽게 커뮤니케이션을 할 수 없다면 사교적인 동료를 따라 해보라. 그 사람의 말하는 방식, 행동을 보고 따라한다. 그러면 점차 당신도 사교적으로 변해갈 것이다.

이는 '모델링Modeling'이라는 기술로 사회적인 성공을 노리는 사람들이 자주 사용하는 방법이다.

'모델링'을 하는 사이 자신의 내면에 있는 부정적인 사고가 사라지면서 사교적인 성향의 사고방식을 자연스럽게 몸에 익히게 될 것이다.

다른 사람과 쉽게 친해지고 싶다면 사교성이 좋은 인물을 철저히 모델링하라. 이것이 가장 빠른 지름길이다.

'자기개시'

약점을 노출하여
속내를 파악한다

직위가 올라갈수록 인간관계 때문에 골머리를 앓을 때가 많다. 더구나 중간관리자가 되면 상사와 부하직원 사이에 끼여서 스트레스가 이만저만이 아니다.

능력 있는 상사라면 부하직원을 능수능란하게 다루어 그의 능력을 최대한 발휘하게 만들어야 한다.

그러려면 먼저 부하직원의 심리를 제대로 파악해야 한다.

내 쪽에서 먼저 손을 내밀지 않더라도 부하직원이 스스로 찾아와 속내를 얘기해준다면 좋겠지만 현실적으로 그런 일은 많지 않다.

이런 때는 주저 말고 '자기개시自己開示'라는 기술을 사용해보라. 자기개시란 말 그대로 자신을 열어 보이는 것이다. 누구나 자기 자신을 열어서 속을 보여주기가 쉽지 않다. 그런데 상대가 먼저 속을 열면 자신도 마음을 열게 된다. 이런 습성을 교묘하게 활용한 기술이다. 다만, 장소에는 신경을 써야 한다.

격식을 갖춰야 하는 직장은 효과적이지 않다. 식사를 하는 장소가 적당하다. 이때 당신이 먼저 과거의 실수담을 하나둘 꺼내어 이야기하면 된다.

예전에 미국의 한 공항에서 자기개시에 관한 실험이 실시된 적이 있다. 대합실에 앉아 있는 승객들에게 자기소개서를 작성하도록 부탁했다.

설문지 도입부에 '저는 심리학 연구를 하는 중입니다'라는 문장과 '저는 사실 성정체성으로 고민하고 있습니다'라는 문장을 적어 각각 50장씩 배부했다.

그 결과 '성정체성으로 고민하고 있습니다'라는 도입문이

적힌 용지에서 훨씬 사적인 내용의 응답을 얻을 수 있었다고 한다.

이처럼 상대가 먼저 개인적인 부분을 털어놓으면 자신도 스스럼없이 속마음을 보여주게 된다.

이 기술을 사용하면 상대의 심리를 정확히 파악할 수 있어 부하직원과 원활한 커뮤니케이션을 하게 될 것이다.

'동의심리'

무심결에
YES를 내뱉게 해
목적을 이룬다

직장생활을 하다 보면 크고 작은 협상을 해야 하는 상황이 많다. 어떻게 해야 유리한 입지에서 자신의 주장을 관철시킬 수 있을까?

이렇게 하려면 먼저 '내 말이 먹힐 만한 사람'을 찾아내야 한다. 내 말이 먹힐 만한 사람이란 어떤 사람일까?

다름 아닌 내가 유도하는 대로 쉽게 따라올 만한 사람을 말한다.

무심결에 "그래, 그렇지!"라는 대답이 나올 만한 질문을 준비하라. "이쪽 기획서가 훨씬 좋은 것 같은데" 같은 방식은 자신의 의견만을 일방적으로 전달하고 있어 상대가 부정적인 의견을 내놓을 가능성도 있다.

"이쪽 기획서가 훨씬 나은 것 같은데 어떻게 생각해?" 이 질문도 기획서 자체에 크게 관심이 없다면 적당히 얼버무리고 말 것이다.

"이 기획서가 더 낫겠지?"

이렇게 물으면 부정할 요소가 없으므로 일단 긍정한다.

이런 식의 단정형 화법을 '동의심리'라 하는데 효과적인 영업 수법으로도 잘 알려져 있다. 단정형으로 물으면 질문을 받는 사람은 '얕보이고 싶지 않다'는 심리가 작용하기 때문에 긍정적인 대답을 이끌어내기 쉽다.

이를테면 당신이 화장품 코너에 서서 신상품으로 나온 샘플 스킨을 발라보았다고 하자.

"고객님, 이 스킨 제품은 끈적임이 없어 깔끔한 느낌이 드시죠?"

별다른 특이 사항이 없는 한 십중팔구는 "그렇네요"라고 대답할 것이다. 즉 이제부터 당신의 주장을 받아들이게 하고 싶다면 이런 질문에 긍정적으로 대답해줄 수 있는 사람부터 찾아야 한다.

일단 긍정적인 대답을 하고 나면 부정적인 대답을 내놓기가 어려워진다. 자신의 주장을 어떤 식으로 관철시킬 것인가에 앞서 자신의 질문에 흔쾌히 긍정적인 대답을 해줄 사람인지를 먼저 판단하라.

MIND
CONTROL

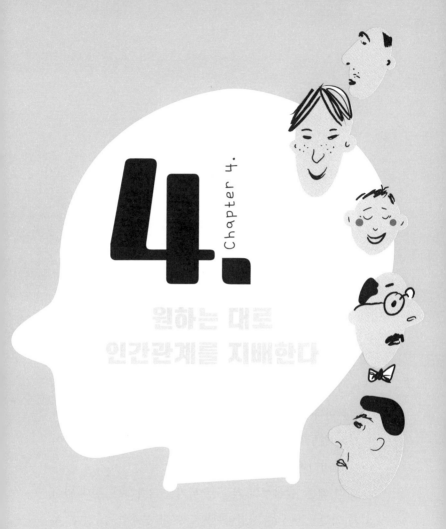

4.

Chapter 4.

원하는 대로
인간관계를 지배한다

'마이너리티 인플루언스'

일관성의 기술로
한결같은 사람이 되어라

조직생활에서 가장 심한 스트레스를 호소하는 계층이 중간 관리직이다. 그도 그럴 것이 상사의 눈치도 봐야 하고, 부하 직원의 업무진행 상황도 체크해야 한다. 둘 사이에 끼여 이러지도 저러지도 못하는 상황이다.

이런 때는 '일관성의 기술'로 위기를 극복하라. 줏대 없이 쉽게 의견을 바꾸는 사람이야말로 가장 신뢰할 수 없다. 하지만 자신의 생각에 확신이 있는 사람이 하는 말에는 무게가 실린다.

일본 아카데미상 우수 감독상과 최우수 각본상을 수상한 미타니 코키三谷幸喜의 각본 중에서 《12명의 마음 약한 일본인》이라는 영화가 있다. 1957년에 미국에서 개봉된 《12명의 성난 사람들》이라는 영화를 일본풍으로 각색한 것으로 1급 살인죄로 기소된 소년의 재판에 배심원으로 초빙된 12명의 사람들을 다룬 이야기다.

단 한 명의 배심원만이 다른 사람들과 다르게 '무죄'를 강력하게 주장하자 이전까지 '유죄'라고 선언했던 배심원들이 하나둘 '무죄'로 돌아서고 마지막까지 버티던 사람들도 고집을 꺾고 전원이 '무죄'를 선고하게 된다.

물론 영화 속 이야기지만 일상에서도 소수의견에 있는 사람들이 일관된 태도로 주장하여 반대쪽 다수파의 마음을 돌리기도 한다.

이는 '마이너리티 인플루언스Minority influence(소수영향)'라는 현상으로 심리학 연구에서도 증명되었다.

예전에 TV프로그램에서 다음의 심리실험을 한 적이 있다.

5명이 실험에 참가한다. 이 가운데 한 명은 방송사와 미리 말을 맞춰둔 가짜다. 이 참가자들에게 길이가 다른 막대 두 개를 보여준 다음, 어느 쪽이 더 긴지 대답하게 했다. 참가자들은 당연히 길이가 길어 보이는 막대를 가리켰지만, 가짜만 자신감 있게 짧은 쪽을 선택했다.

여러 번 같은 질문을 반복하는 사이 참가자들은 가짜의 자신감에 동화되어 '어쩌면 내 판단이 틀렸을 수도 있다'며 가짜가 선택한 짧은 막대를 가리키게 되었다. 실험이 종료될 즈음에는 거의 전원이 짧은 막대가 더 길다고 대답했다.

'마이너리티 인플루언스'를 활용하여 상사와 부하직원에게 '이 사람은 일관성이 있다'는 인식을 심어준다면 모두가 당신의 의견을 존중하게 될 것이다.

'윈저 효과'

여성사원들의
호감도를 높여라

조직생활에서는 그 안의 인간관계를 확고하게 구축해두지 않으면 자칫 낭패를 볼 수 있다. 특히 여성 사원들을 내 편으로 만드는 것이 얼마나 중요한지는 조직에서 일하는 사람이라면 누구나 잘 아는 바다. 특히 실세 고참 여직원에게 찍히기라도 하면 큰일이다.

다른 여성 사원에게 헛소문을 퍼트리기도 하고, 상사에게

"저 사람은 조심해야 할 것 같아요"라는 식의 고자질도 서슴지 않는다.

그렇다고 노골적으로 잘 보이려고 하면 "저 사람은 여직원 비위 맞추느라 무지 애쓰네"라며 주위의 따가운 눈총을 받는다.

이런 때는 '윈저 효과Windsor Effect'라는 기술을 사용하라. 당신도 경험이 있겠지만 학창시절 친구가 "예전에 A가 너 좋아한다고 했어"라고 살짝 귀띔해준 말에 가슴이 두근두근 요동친 적이 있을 것이다.

'윈저 효과'란 제3자를 통한 간접적인 칭찬으로 상대에게 호감을 주는 기술이다.

비즈니스 현장에서도 "저를 믿으세요!"라고 본인 입으로 말하면 오히려 신뢰가 가지 않지만 다른 사람이 "저 사람 꽤 믿을 만합니다"라고 말해주면 신뢰도가 상승한다.

이 기술은 연애와 사업 등 거의 모든 종류의 인간관계에서 효과를 발휘한다.

실세 고참 여직원을 내 편으로 만들고 싶다면 당사자가 아닌 다른 여성 사원에게 이런 말을 흘리고 다녀라.

"A씨(실세 고참 여직원)는 정말 친절하더군요."

"A씨는 어딘지 모르게 믿음이 가네요."

'발 없는 말이 천리 간다'는 속담처럼 당신이 한 말은 반드시 당사자의 귀에 들어갈 것이다. 이 과정에서 덤으로 다른 여성 사원들의 호감까지 얻게 될 것이다.

믿기 어렵다고 생각하는가. 지금 바로 실험해보라.

'무시의 긍정'

생각해주는 척하면서
경쟁자를 끌어내린다

어느 조직에나 자신과 연배와 실력이 비슷한 사람이 존재
한다. 이런 사람이 성과를 내어 승진이나 포상을 받으면 의
식할 수밖에 없다. 상대적으로 자신이 한심하게 느껴지기도
하고 '난 실패자야'라는 부정적인 생각에 휩싸이기도 한다.
불쑥불쑥 경쟁자에게 추월당했다는 생각이 들 때마다 미칠
것 같다.

이런 때는 '무시의 긍정'을 사용하라. 자신보다 지위가 낮은 사람에게 그다지 의미가 없는 질문을 할 때가 있다. 애초부터 어떤 대답을 기대한 질문이 아니라 그저 그 사람의 역량이 어느 정도인지 시험하는 데 목적이 있다.

이를테면 상대가 "잠깐 시간 괜찮아? 소문으로 들었는데 이번에 프로젝트 한다면서? 느낌이 어때? 괜찮을 것 같아?"라고 질문했다고 하자. 여기에 바보처럼 진지하게 대답하면 상대의 페이스에 휘말리는 셈이다. 대신 다음과 같이 대답하라.

"미안하지만 그 부분은 아직 말해줄 수가 없어."

이 말 속에는 '구체적인 내용을 알고 있지만 답할 수 없다'는 의미가 내포되어 있어, 딱히 감출 만한 내용 같은 건 없지만 모든 것을 알고 있는 듯 위장할 수 있다. 더불어 '입이 무겁다'는 점도 부각시켜 상대에게 '이 사람은 쉽게 입을 놀리지 않는구나'라는 인식도 심어준다.

사람은 커뮤니케이션이 원활하게 이루어지지 않으면 혼자서 멋대로 해석하기 시작한다. 상대를 생각해주는 척하면서도 사실은 '나라면 이런 상황에서 어떻게 할까?'를 고민한다. 자신이 뱀이라면 상대도 뱀으로, 너구리라면 제 맘대로 너구리로 생각하는 것이다.

'숫자의 힘'

능력 있는 사람이라는 인상을 준다

이스라엘 히브리대학교의 제이콥Jacob 교수는 학생 52명을 대상으로 모의면접 실험을 실시했다. 실험에 참가한 학생들에게 면접관이 되어 추천장이 1통인 응시자와 2통인 응시자를 각각 평가하도록 했다.

그 결과 '적정', '정직성', '팀워크' 등 모든 면에서 추천장이 1통인 응시자에 비해 2통인 응시자에 대한 평가가 훨씬 높게 나왔다. 그야말로 '숫자의 힘'이 작용한 것이다.

하나가 아무리 미약하더라도 그 수가 모이면 개미가 코끼리를 무너뜨릴 수도 있다. 비즈니스에서도 이 법칙은 힘을 발휘한다.

만약 조직의 경영진에게 '이 사람은 장래성이 있다'는 인상을 주고 싶다면 현재 상태에 상관없이 숫자에 승부를 걸어라.

이를테면 '일주일 후에 회의가 예정되어 있으니 기한까지 1장 분량의 기획서를 제출하라'는 지시를 받았다면 2장 이상짜리 기획서를 만든다.

'프레젠테이션 자료를 10장 만들어 오라'고 하면 20장을 만들어라. 물론 분량이 정해진 경우도 있을 것이다. 이런 때는 숫자를 '시간적인 속도'로 바꾸면 된다.

일주일 후라고 제시했다면 3일 만에 제출한다. 10장 이내로 정리하라고 지시하면 5장 이내로 정리한다.

이런 식으로 숫자 혹은 스피드를 높이면 상대는 당신을 능력자로 인식하고 더욱 비중 있는 업무를 맡기게 될 것이다.

'자기존재감'
―
부탁을 거절할 수
없게 만든다

'다른 사람의 기대를 받으면 자존감이 높아져서 거절하기 힘들어진다. 여기에 "특별히 자네한테만"이라는 제한까지 덧붙이면 부탁을 훨씬 쉽게 수락한다.'

이상은 비즈니스 심리연구가인 가미오카 신지가 어느 기사에서 한 말이다.

사람은 항상 '자기존재감'을 의식하기 때문에 누군가가

자신을 필요로 한다고 느끼면 힘이 솟는 법이다. 반대로 아무도 자신을 필요로 하지 않는다고 느끼면 살아가는 의미를 잃고 스스로 죽음을 선택하기도 한다.

이 사실을 이해하면 어떤 태도로 부탁해야 효과적인지 알 수 있다. '당신을 믿는다!'는 점을 강조하라.

"○○씨만 믿습니다."

"○○씨라면 안심하고 부탁할 수 있습니다."

또는 상대의 전문 분야라면 자기존재감을 자극하여 "천하의 ○○씨라도 힘들군요"라고 말하면 자존심 때문에 오히려 적극적으로 나설 수도 있다. 물론 상대를 배려하는 말도 잊지 말아야 한다.

"바쁜데 미안하다"거나 "정말 고마워. 이 신세는 잊지 않을 테니까" 같은 감사 인사를 빼먹게 되면 이후로는 당신의 연락을 부담스러워하며 피하게 될 것이므로 주의하기 바란다.

또한 상대를 배려하여 '이 일을 하면 자신에게 도움이 될 것이다'라는 식의 발언은 삼가는 편이 좋다. 그것을 판단하는 것은 당사자다. 이런 말은 오히려 구실로 비칠 가능성이 크기 때문에 주의해야 한다.

'공포 효과'

한심한 부하직원을
훈련한다

대놓고 말할 수는 없지만 어디든 한심한 부하직원이 있다.

의욕이나 성취의지는 전혀 보이지 않고 그저 매달 월급만 받으면 그만이라고 생각한다. 간혹 야근이라도 하면 당당하게 야근수당을 청구한다.

사무실에 이런 부하직원이 있으면 골치가 아프다. 부하직원이 해야 할 일까지 떠맡는 일이 다반사다. 어떻게 교육시

켜야 할지 몰라 애를 먹는 중간관리자가 적지 않다.

다음은 앞에서도 설명한 바 있는 미국 스탠퍼드대학교에서 한 실험이다.

20대 남성 4명에게 두 명씩 짝을 이루게 하여 한 사람은 고용주(사장), 다른 한 사람은 취업희망자로 설정하여 임금 협상을 하게 했다. 사장 역할을 맡은 한 그룹은 너그럽고 온화한 태도로, 다른 한 그룹에는 고압적인 태도로 협상을 진행하게 했다.

그 결과 너그럽고 온화한 태도로 협상을 한 그룹에서는 취업희망자가 원하는 방향으로 입사조건이 결정되었지만, 고압적인 태도를 취한 쪽에서는 대부분 사장이 제시하는 조건으로 결론이 났다고 한다. 상대가 고압적인 태도로 나오면 '이 자리에서 빨리 벗어나고 싶다'는 심리가 작용하여 불합리한 조건도 받아들이는 것이다.

고압적인 태도를 취하면 자연히 목소리가 낮아지고 말하는 속도는 느려진다. 이 상태에서 부하직원을 대한다. 여기에 미간을 잔뜩 찡그리고 가슴을 뒤로 젖히는 등 시각적으로도 고압적으로 보인다면 더욱 효과적이다.

하지만 매일 반복하면 상대가 익숙해져서 무감각해지므

로 '꼭 필요할 때만' 사용하도록 한다.

이는 공포로 지배하는 방식이다. 역사적으로 봐도 독재자는 공포심을 이용하여 사람들을 지배해왔다. 북한을 떠올리는 사람도 있겠지만 공포정치라는 측면에서만 본다면 중국 또한 별반 다르지 않다.

하지만 대부분의 독재가가 불행한 말로를 맞이했다는 사실을 상기하며 이 방법을 사용할 때는 아무쪼록 그 도가 지나치지 않도록 주의하라.

'에고그램'

포커스 리딩으로
상사의 눈에 든다

출세를 해야 월급도 오르고 부하직원도 생긴다. 상사에게 발탁되어 요직을 거치는 것이 가장 빠른 지름길이지만 그렇다고 상사의 기분만 맞추다가는 오히려 신뢰를 잃을 수 있다.

이런 때는 '포커스 리딩Focus Reading'이 적합하다.

흥미롭게도 대다수가 자신과 비슷한 사람을 '이 친구 꽤 괜찮은걸'이라며 착각한다. 그렇다면 어떻게 해야 할까? '에

고그램Egogram'이라는 수법을 사용하면 된다.

에고그램이란 기업에서도 널리 사용하는 심리 테스트로 복잡한 사람의 성격을 5가지 성향으로 구분해 분석한 것이다. 개인에 따라 차이는 있겠지만 거의 모든 사람이 가진 특징을 표준으로 삼고 있다. 간단하게 설명하면 '비판적인 부모 마음=엄격함', '양육적인 부모 마음=다정함', '성인=이성적', '자유로운 어린이의 마음=자유분방함', '순응하는 마음=협조성'으로 구분한다.

평소 대화 속에서 상사의 겉으로 드러난 성격과 내면에 잠재된 성격을 분석한다. 이를테면 평소 회사에서는 엄격하지만 회식자리에서는 아저씨 개그를 연발하는 상사라면 '내면=자유로운 어린이의 마음'을 가지고 있다.

회사 안에서는 배려심이 많고 다정하지만 음식점 종업원에게는 무례한 태도로 대한다면, '외면적인 성격=양육적인 부모의 마음'을 연기하지만 '내면적인 성격=비판적인 부모의 마음'임을 알 수 있다. 이런 식의 분석을 통해 상사 앞에서는 동일한 성격유형을 연기하면 상사는 자신을 보는 듯한 착각을 하게 되어 당신을 눈여겨보기 시작한다. 그리고 점차 상사의 무의식 속에 당신의 인상이 깊이 새겨지게 된다.

'자기관여'

이름을 불러
친밀감을 높인다

조직에 소속되어 일하는 한 출세는 외면할 수 없는 중대한 부분이다. 이를 위해서는 무엇보다 상사의 마음에 들어야 한다.

단순히 상사의 기분을 맞추고 부지런히 아부하면 그만이라고 생각한다면 틀렸다. 동료들의 경멸에 가득 찬 시선을 받을 가능성도 있다. 어떻게 해야 할까?

막 교제하기 시작한 커플은 깍듯하게 '이름'에 경어를 붙여 서로를 부르지만 관계가 조금 깊어지면 별명이나 경어를 뺀 이름만 부르게 된다.

이름에 경어를 붙여 부르면 서로의 거리가 일정 수준 이상으로는 가까워지지 않기 때문이다. 별명이나 이름만 부르면 훨씬 친근한 느낌이 든다.

상대를 부르는 방식이 곧 그 사람과의 친밀도를 가늠할 수 있는 척도가 된다.

여기에서는 커플을 예로 들었지만 직장 동료끼리도 경어 없이 이름만 부르기도 하는데, 이는 그만큼 친밀하다는 증거라고 할 수 있다.

이것을 심리학적으로는 '자기관여가 강해진다'고 표현한다.

물론 처음에는 어색할 수도 있겠지만 곧 익숙해질 것이다. "아무리 그래도 무턱대고 상사의 이름을 부르는 건 못하겠어요"라며 겁을 내는 사람이 많은데 그럴 것 없다. 미리 양해만 구하면 된다.

"과장님이 여러 분 계셔서 헷갈리지 않도록 직함 앞에 이름을 붙여 불러도 되겠습니까?"

"직함으로만 부르니까 거리감이 느껴져서 그러는데 제가

이름을 붙여 불러도 괜찮을까요?"

　관계가 아주 나쁘지 않다면 내 이름을 불러주는 데 기분 나쁠 이유가 없다. 이렇게 자꾸 상대의 이름을 부르는 사이 서서히 친밀감이 높아진다.

반대로 싫어하는 사람에게는 경어를 붙여 깍듯이 호칭한다. 그러면 상대와의 거리감이 계속 유지되어 친밀도가 높아지는 일도 없을 것이다. 연인과 상사를 예로 들어 설명했지만 모든 인간관계에 적용되므로 활용하기 바란다.

'트랜스 라이팅'

이메일만으로
상대의 신뢰를 얻다

현대 사회에서는 이메일만으로 업무를 진행하는 경우가 많아졌다.

메일을 보내려고 컴퓨터 앞에 앉았는데 어떤 어휘를 선택해야 할지, 문장은 어떻게 풀어야 할지 등을 고민하다가 결국 한 줄도 적지 못할 때가 있다.

이런 때는 메일로 상대의 신뢰를 얻는 '트랜스 라이팅'을 사용하라.

어렵지 않다. 하나만 신경 쓰면 된다. 상대가 메일에서 사용하는 문장을 그대로 따라하면 된다. 상대의 문장이 딱딱하다면 당신도 격식을 차린 문장을 사용해야 한다.

'지난 번 출장을 갔을 때 여러모로 신경 써주셔서 정말 감사했습니다. 진심으로 감사 말씀 전합니다'라는 문장을 보내왔다면 어떻게 답장을 보낼 것인가?

'아니, 별 말씀을요. 저야말로 즐거웠습니다. 또 뵙겠습니다'가 아니라 '지난 번 출장 오셨을 때 여러 가지 미흡한 점이 많았습니다만…'라는 식으로 격식을 갖춘 문장으로 답장을 보내는 것이 정답이다.

당연한 말처럼 들리지만 의외로 이렇게 하지 못하는 사람이 많다. 무의식적으로 자신의 문장으로 글을 보내면 상대는 지면이나 이메일을 통해 당신과의 온도차를 느끼게 된다. 사람은 자신과 동일한 문장을 봤을 때 무의식적으로 '이 사람은 신뢰할 수 있다'는 착각에 빠진다.

"윗사람에게는 어떤 식으로 메일을 써야 할까요? 편안한 문장을 사용하면 건방지다고 생각하지 않을까요?"라고 걱정하는 사람이 있는데 그런 걱정은 접어두어라. 윗사람이니까 더욱 철저하게 상대에게 맞추면 된다. 화를 내기는커녕 '꽤 괜찮은 친구 같은걸'이라고 생각할 것이다.

마지막으로 하나 더 당부하면 '느낌표(!)'는 절대 사용하면 안 된다. 주목해주길 바란다는 뜻을 담은 부호이지만 이것만은 상대가 자주 사용하더라도 따라하면 안 된다. 심리학 실험에서 '느낌표'를 사용한 문장은 자신보다 높은 지위의 사람이 뭔가를 지적하는 느낌을 준다는 결과가 나왔다.

'환영회'에서 능력 이상의 평가를 받아낸다

'MC 효과'

회사에서 업무 이외의 능력으로 주목받을 수 있는 기회가 회식, 환영회일 것이다. 이런 자리를 활용해 어떻게든 윗사람의 주목을 받아야 한다. 환영회 같은 자리에서 사장이나 간부로부터 '재미있는 친구잖아. 좌중을 사로잡는 능력이 대단한걸'이라는 평가를 받는다면 앞으로의 인사이동에서 긍정적으로 작용할 것이다.

하지만 주요 부서의 요직을 노리는 사람이라면 이 방법이 바람직하지 않다. 이런 사람이라면 절대 시도해서는 안 된다. 성향적으로 볼 때 반드시 실패한다. 게다가 이 평가가 간부나 상사에게 곧바로 전달되므로 최악의 불리한 상황이다.

그렇다면 어떻게 대처해야 할까?

행사를 진행하는 역할을 맡아라. MC를 자청하고 나서는 것이다. 사실 MC가 하는 역할은 비즈니스에서 프레젠테이션을 하는 사람과 비슷하다.

이 역할을 무리 없이 해내는 모습이 경영진의 기억에 남게 되면 나중에 회사에서 신규 사업에 관한 프레젠테이션을 할 기회가 생기면 이 일을 계기로 당신이 발탁될 가능성도 있다.

비즈니스 심리학적으로 살펴보면 리더십이 있는 사람은 거의 예외 없이 프레젠테이션 능력이 탁월하다. 즉 '프레젠테이션을 잘한다=능력 있다, 리더십이 뛰어나다'는 인식을 심어줄 수 있다.

환영회 같은 행사를 개최할 때 외부에서 MC를 초청하는 경우도 많을 테지만 주저 말고 "제가 하겠습니다!"라고 손을 들어라.

'첫인상 효과'

—

턱과 가슴으로
일류라는
느낌을 준다

첫인상이 중요하다는 것은 누구나 아는 사실이다.

복장과 머리를 단정히 하고 입냄새에도 신경을 쓴다. 그런데 여기에서 말하는 첫인상은 완전히 다른 종류다. 이른바 '일류'로 보일 것인가, '이류'로 보일 것인가라는 문제다.

만약 유럽이나 미국의 최고급 호텔에 묵은 경험이 있다면 호텔 직원이 당신을 대하는 태도를 통해 자신이 일류로 보였는지 아닌지를 가늠할 수 있다. 일본에서는 직함으로 사회적 지위를 짐작할 수 있으므로 명함을 슬쩍 내보이면 상대의 태도가 달라지기도 하지만 해외에서는 그렇게 할 수 없다. 첫 만남에서 일류라는 인상을 줄 수 있다면 당신의 비즈니스는 거의 성공한 것이나 마찬가지다.

그럼 무엇이 일류로 보이게 하는 걸까? 물론 여러 요소가 있겠지만 쉽게 따라할 수 있는 방법을 소개하면 다름 아닌 '자세'다.

사실 의식적으로 자세를 만드는 사람은 드물다. 자세를 만든다고 하면 등을 곧게 세운 꼿꼿한 자세를 떠올리는 사람도 있겠지만 내가 말하는 자세는 그런 종류가 아니다. 등을 곧게 하는 동시에 가슴을 펴야 한다.

가슴을 활짝 편 자세가 고압적이라고 느끼는 사람도 있겠지만 그렇지 않다. 상대가 고압적이라고 느끼는 이유는 가슴을 활짝 피면서 덩달아 올라간 턱 때문이다. 턱을 아래쪽으로 확실하게 끌어당기면 아무 문제없다.

이 자세에서 넘치는 자신감이 느껴지지 않는가? 첫 만남에서 당신이 이 자세를 취한다면 상대는 '상당히 능력 있는 사람'이라는 인상을 받게 될 것이다.

'신뢰 효과'

—

안경으로
위엄을 30퍼센트
증대시킨다

지금까지 각고의 노력을 기울인 끝에 상사의 눈에 들어 마침내 신뢰를 얻는 데 성공했다.

"자네도 이제 한 자리 할 때가 됐는데 말이야."

'됐어, 드디어 내 노력이 결실을 맺는구나. 나도 이제 관리자가 되는구나!'라고 생각한 순간 상사의 갑작스러운 이동 발령. 게다가 그 자리에 새로 온 상사는 여간 까다로워 보이지 않는다.

이렇게 되면 또 처음부터 시작해야 하는 건가, 라며 기운이 쭉 빠질 수밖에 없다. 이런 상황에서는 첫 단추가 무엇보다 중요하다. 그러면 어떻게 해야 할까?

전혀 어렵지 않다.

안경 하나면 충분하다. 안경 중에서도 지적인 인상을 줄수 있는 디자인, 이를테면 사각형 테가 적당하다.

예전에는 안경을 쓰면 모범생이나 답답하다는 인상을 주는 경향이 있었지만 요즘에는 지적이고 세련된 느낌이 강하다. 안경테의 종류와 디자인이 다양해지면서 옷에 따라 안경을 바꿀 정도로 장식적인 성격이 강해졌다. 그런 까닭에 젊은층은 물론 중장년층까지 안경을 하나의 패션 아이템으로 받아들이고 있다.

만약 시력이 좋더라도 상대를 만날 때는 도수가 없는 안경이라도 끼는 편이 좋다. 전임자로부터 어떤 평가를 들었든 이 사각테 안경을 착용하면 무의식적으로 지적인 인상을 받는다.

만약 좋지 않은 평판을 들었더라도 '그 정도로 일을 못할 것처럼 보이지는 않는데…'라고 생각할 것이며, 좋은 평판을 들었다면 '역시 평판대로 유능해 보이는군'이라고 생각할 것이다. 어느 쪽이든 긍정적인 인상을 받는다.

다만, 이 방법은 좋은 첫인상을 심어주는 데 효과가 있을 뿐 이후부터는 진짜 실력으로 평가받는다는 사실을 기억하라.

'로볼 효과'

인사고과를
10퍼센트 높인다

'어떻게 하면 보너스를 더 많이 받을 수 있을까?'

인사평가 시기가 되면 많은 사람들이 하게 되는 고민이다.

'회사의 인가고과를 수긍할 수 없다', '이렇게 열심히 일했는데 왜 제대로 평가해주지 않을까?'라는 의문과 억울함을 느끼는 사람도 있을 것이다.

'더 높은 평가를 받고 싶다', '상여금을 더 많이 받고 싶다'

고 희망한다면 그렇게 할 수 있는 간단한 기술을 소개하겠다.

'회사의 평가기준을 확인하고 그대로 행동하라!'

'평가기준으로 알 수 없는 부분은 상사에게 물어보고 그에 따라 행동하라!'

이 두 가지다.

너무 간단해서 실망하는 사람도 있을 것이다. 하지만 시시할 만큼 간단한 이 방법을 실천하지 않는 사람이 대부분이다.

실제로 이것을 '로볼Lowball 효과'라고 하는데, 사소한 행동을 확실히 쌓음으로써 고난위도의 행동도 가능하다고 상대가 착각하도록 만드는 효과를 이용하는 방법이다.

일반적으로 '작은 일도 제대로 못하는 사람에게 큰일을 맡길 수 없다'고 생각하듯 낮은 공을 정확하게 잡아낼 수 있는 사람이어야 반드시 높은 공도 잡아낼 수 있다.

평가기준 가운데에서도 사소한 사항들을 우직하게 실천하면 '이 사람은 무척 성실하군. 비중 있는 일도 잘 해낼 것 같은데…'라는 높은 평가를 받게 될 것이다.

간단해서 쉽게 할 수 있을 것 같지만 그렇게 하지 못하는 사람이 대다수이므로 꾸준히 실천한다면 당신에 대한 평가는 반드시 높아질 것이다.

'권위의 원리'

자신의 인상을
자유자재로 조정한다

사람은 권위에 약한 존재다.

　권위가 있는 직업에 종사하는 사람을 만나면 자신도 모르게 행동이 조심스러워진다.

　미국 예일대학의 심리학 교수인 스탠리 밀그램^{Stanley} ^{Milgram}이 실시한 '스탠리 실험'이라는 것이 있다.

　실험참가자에게 전기가 흐르는 막대를 잡게 하고, 연구자가 출제한 문제에 오답을 말할 때마다 25볼트씩 강도를 높인다고 말했다. 즉 실험참가자가 틀린 답을 말할 때마다 더 높은 전류가 흐르게 되는 것이다.

하지만 실제로는 전류를 전혀 높이지 않았고 막대로 흐르는 전류는 처음과 같은 강도였다. 하지만 다섯 문제를 틀려서 125볼트의 전류가 흐른다고 생각한 실험참가자는 마치 고문이라도 받는 듯 비명을 질렀다고 한다.

이 실험에서 알 수 있듯이 실제로는 보잘것없더라도 어떻게 생각하는가에 따라 훨씬 크게 받아들이는 경향이 있다.

'권위성' 또한 마찬가지다. 재판관이나 경찰관 등 제복을 입은 사람에게는 주눅이 들지만 제복을 입지 않은 상태에서는 그다지 권위성을 느끼지 못한다.

권위가 있다고 느끼는 까닭은 제복 때문이다. 상대의 신뢰를 얻는 수단으로 이 방법을 활용하라.

당신의 직업이 무엇이든 단정하게 정장을 갖춰 입는 것이다. 이렇게만 해도 상대보다 우월한 입지를 차지하게 된다. 구두도 반짝반짝 광이 나도록 손질하라. 그러면 상대는 권위를 느껴서 자신도 모르게 당신을 무조건 신뢰하게 될 것이다.

'기운'

—

눈빛으로 기를 내뿜는
사람이 되어라

운동하러 늘 다니는 헬스장이 있다고 하자. 그런데 어느 틈엔가 회원들이 따르는 사람이 등장한다. 그는 회원들의 고민을 상담해주기도 하고, 식사에 초대되는 등 자연스럽게 리더적인 존재가 되어 간다.

　본인이 나서서 특별히 뭔가를 한 것도 아닌데 어떻게 이런 상황이 벌어진 걸까?

혹시 당신도 이런 말을 한 적이 없는지 생각해보라.

"저 사람, 기가 장난 아닌데!"

그렇다. 아무 말도 하지 않고도 '기운'만으로 상대를 제압하는 것이다. 길을 걷다가 '저 사람 뭔가 분위기가 남다른데…'라고 생각했는데 알고 보니 연예인이었던 경험도 있을 것이다.

그런데 이런 분위기는 심리기술로 얼마든지 연출해낼 수 있다. 방법은 매우 간단하다. 자신 안에 함축된 힘을 밖으로 드러내면 된다.

얼핏 무슨 말인지 이해되지 않을 수도 있다.

격투기에서 상대선수에게 압박을 가할 때 어느 부분에 가장 힘을 많이 줄까? 그렇다. '눈빛'이다.

압박을 느끼는 감각과 분위기를 감지하는 감각은 동일하다. 즉 남다른 기를 내뿜고 싶다면 눈에 힘을 주면 된다.

다만, 눈에 힘을 주라고 해서 '눈을 부릅뜨라'는 뜻은 아니라는 점을 당부하고 싶다. 미간이 아니라 안구에 힘을 주는 것이다. 이렇게 하면 상대는 당신의 기를 느끼게 된다. "남다른 기운이 풍기시네요"라는 말을 듣는다면 이제 상대가 당신을 얕보는 일은 없을 것이다.

'동일 화법'

상대의 말투를 따라해 회의를 지배한다

비즈니스에서든 일상생활에서든 반드시 주도권을 잡아야 하는 상황이 있다. 이를 실현할 수 있는 간단한 방법이 있다.

당신이 어떤 위치에 있든 상관없이 상대방의 목소리 톤과 말투에 맞추어 비슷하게 말하면 된다.

이것만으로 당신은 그 자리의 주도권을 잡게 된다. 대체 어떤 원리가 작용한 걸까?

우리는 자신과 동일한 방식으로 말하는 사람에게 공감을 느끼는 동시에 자신을 잘 이해할 수 있는 사람이라고 착각한다.

다시 말해 '이 사람은 내 모든 것을 알고 있지 않을까?' 하고 무의식적으로 두려움을 느끼게 된다.

미국의 유명한 토크쇼 진행자 래리 킹Larry King은 이 방법으로 그 자리를 지배했다. 래리는 자신보다 사회적 지위가 높은 사람이 게스트로 나오면 언제나 상대와 동일한 방식으로 말했다. 그러면 어느새 상대는 래리가 주도하는 대로 이끌려 자신의 속마음을 털어놓았다.

여기에서 주목할 점은 래리는 자신보다 사회적 지위가 낮은 사람에게는 이렇게 하지 않았다는 것이다.

사회적 지위가 낮은 사람과 대화할 때는 특유의 '겁 없는' 화법으로 그 자리를 주도했다.

이런 태도 역시 상대에게 두려움을 주게 되므로 토크쇼는 원활하게 진행될 수 있었다.

이처럼 상대의 말투를 따라 해보라. 상대의 말하는 속도와 목소리 크기까지 보조를 맞춰나간다. 그러면 어느새 자신이 그 자리의 공기를 지배하고 있음을 깨닫게 될 것이다.

♡ LOVE

5.

Chapter 5.

마음에 드는
이상을
내 마음대로
조정한다

'호의의 호혜성'

—

반복으로 상대의
경계심을 푼다

남성과 여성 구분 없이 스스로에게 자신이 없는 사람이 많다. 학업과 일에서는 자신감 넘치는 사람이 연애에서는 소극적이 되기도 한다.

이런 고민을 하는 당신에게 멋진 연인을 만들기 위한 첫걸음으로 '고백하기 전에 해야 할 일'에 대해 설명하겠다.

먼저 사람은 자신을 좋아해주는 사람을 좋아하게 되는

경향이 있다는 점을 밝혀둔다. 이것을 심리학에서는 '호의의 호혜성互惠性'이라 한다.

힘들게 '그래, 고백하는 거야'라며 용기를 내어 고백했는데 모호한 대답이 돌아올 때가 많다. 그러면 이제 다 틀렸다고 생각하기 쉽지만 반드시 그렇지만은 않다.

상대가 거절하더라도 그 다음 어떻게 행동하는가에 따라 최종적인 결과는 달라진다.

예컨대 지금 옆에 있는 이성에게 갑자기 고백을 받았다고 가정하자. 그 사람을 신뢰할 수 있을까? 일단은 놀랄 것이고 차츰 이런 의심이 들지 않을까? 나를 놀리는 건가, 아니면 내가 가벼워 보이나? 이런 생각은 남성보다는 여성이 더 많이 할 것이다.

첫 번째 고백은 당황스러울 뿐이다. 두 번째에서야 겨우 내용을 이해하며, 세 번째가 되면 진지하게 받아들일 수 있는 상태가 된다. '열 번 찍어 안 넘어가는 나무 없다'는 말의 의미가 바로 이것이다.

반복이야말로 호의의 신뢰성을 전달할 수 있는 수단임을 기억하라. 고백할 때 도움이 되는 사항도 덧붙이겠다.

'카페인을 섭취하면 설득하기가 쉬워진다'고 한다. 커피나 녹차 등 카페인이 포함된 음료를 마신 뒤에 고백을 하면 성공률이 높아진다.

단, 카페인이 흡수되어 체내에서 최고치에 도달할 때까지 40분 정도 걸린다고 한다. 상대를 만나서 커피를 마시며 40분 정도 이런저런 이야기를 나누다가 40분쯤 지났을 때 머뭇거리지 말고 고백하라.

또한 고백을 하기 전에는 반드시 '퍼스널 스페이스Personal Space'를 의식해야 한다. 누구나 다른 사람에게 침해받고 싶지 않은 자신만의 공간이 있다. 친밀한 사람만이 들어갈 수 있는 공간인 것이다. 예컨대 바에 나란히 앉으면 두 사람의 거리가 매우 가까워진다. 여기에서 고백하면 호의가 상대의 가슴에 더욱 강렬하게 전달될 것이다.

'칵테일파티 효과'

친근함을 높여 상대가 연락하게 만든다

문자 속에 상대의 이름이나 별명을 집어넣으면 친밀해진다. 이는 자신을 이름이나 별명, 애칭으로 불러주는 사람에게 호감을 느끼는 것과 같은 현상이다.

사실 사람이 가장 편안함을 느끼는 소리가 자기 이름이다. 이를 심리학에서는 '칵테일파티 효과'라고 한다. '칵테일파티 효과'란 무엇인가?

복잡한 역주변, 길거리, 시끄러운 장소 등 우리는 하루 종일 수많은 소음들에 뒤섞여 생활한다. 하지만 그 와중에도 자신의 이름을 부르는 소리는 유달리 선명하게 들린다. 그 소리가 주변의 다른 말소리나 잡음보다 작아도 집중력이 발휘되어 귀에 쏙 들어오기 때문이다. 이처럼 사람은 자신의 이름에 매우 민감하다.

하지만 문장 속에서 상대의 이름을 여러 번 언급하면 오히려 불쾌감을 줄 수도 있으므로 한 통에 한 번 정도가 적당하다.

상대도 이름이나 별명 혹은 애칭으로 자신을 부르기 시작했다면 '관심이 있다는 신호'이므로 교제에 임박했다고 판단해도 좋다.

또한 상대가 답장하기 쉬운 문자를 보내야 한다.

보내는 사람이 하고 싶은 말만 잔뜩 적혀 있거나, 내용이 없는 문자에는 답장하기가 귀찮아진다. 자신이 하고 싶은 말만 늘어놓지 말고 가벼운 질문을 던져보는 것도 좋다.

'저는 외국영화를 좋아하는데 어떤 영화를 좋아하세요?'

'오늘은 춥네요. 히터는 켜두셨나요?'

내용을 깊이 고민하지 않고도 쉽게 답장을 보낼 수 있는 문자를 보내는 것이 중요하다. 단, '꼭 답장 부탁드립니다'처럼 답을 강요하는 표현을 삼가야 한다.

이런 표현은 상대가 답장을 보내지 않았을 때 죄책감이 들게 하므로 문자를 주고받는 행위에 부담을 느끼게 하거나, 자유를 구속당한다는 느낌을 주어 얼른 달아나고 싶어지게 만든다. 이런 점만 주의한다면 반드시 상대는 연락을 해올 것이다.

'예스법 기술'

상대의 전화번호를
손쉽게 알아낸다

미팅에서 마음에 드는 사람이 있는데도 전화번호 교환조차 힘들어 하는 사람이 있다. 하지만 마음에 드는 여성을 혼자 독차지 하고 싶은 마음이 드는 것은 당연하다. 이런 때는 '예스법'을 사용하라.

다짜고짜 연락처를 묻는 태도는 금물이다. 여성에게 경계심을 들게 할 뿐이다. 여성에게 처음 만나 어떤 사람인지 모르는 남성은 그저 두려운 존재이기 때문이다. 먼저 이야기를 나누며 서로에 대해 알게 된 다음에 연락처를 묻도록 한다.

연락처를 물을 때 가장 중요한 핵심은 '구실을 만드는 것'이다. 이렇게 하면 치근댄다는 인상을 주지 않고 자연스러운 형태로 연락처를 교환할 수 있다. 이 방법의 가장 큰 장점은 이 '구실'이 다음 만남으로 이어지게 한다는 데 있다. 신뢰감을 쌓은 후에 이렇게 묻는 것이 가장 자연스럽다.

"다음에는 서로의 친구들도 불러서 같이 술자리를 하면 어떨까요?"

"네, 좋아요."

"그럼 제가 연락할 테니 연락처 좀 알려주세요."

여기에 '예스법' 기술이 적용되었다는 사실을 눈치챘는가?

사람에게는 한 번 "YES"라고 대답한 후에는 상대가 한 제안에 쉽게 거절할 수 없는 심리가 있다. 대화 도중에 일단 "YES"를 이끌어 내면 웬만큼 신뢰감이 생긴 이후부터는 당신이 하는 제안을 단칼에 거절하기 힘들다.

이 방법을 실천하면 100퍼센트 상대의 연락처를 알아낼 수 있으므로 알아두어 손해될 일은 없다.

'희소성의 원리'
—
신경 쓰이는
존재가 되어라

'희소성의 원리'란 '손에 넣기 힘든 것일수록 가치가 있다고 생각하는 심리'를 말한다.

예컨대 '1일 30개 한정'이나 '3일 한정 세일' 등 '한정'이라는 문구를 보면 지금 당장 사지 않으면 손해를 보는 듯한 느낌이 든다. 이는 입수할 기회를 제한함으로써 상품가치를 의도적으로 높여 소비자의 구매욕을 자극하는 방법이다.

다수의 쇼핑사이트에서도 '세일종료까지 앞으로 ○시간'이라고 카운트다운을 표시하거나 '선착순 ○명 한정'이라고 선전하는 등 '희소성의 원리'를 적극 활용하고 있다.

핵심은 두 가지다.

첫째는 '만날 수 있는 날과 연락할 수 있는 날을 제한'하는 것이다. '언제든 만날 수 있다'는 태도에서는 희소성이 전혀 느껴지지 않는다. '당신이 부르면 어디든 달려가겠다'도 절대 안 된다. '쉬운 여자'로 비칠 가능성이 크다. "이번 달은 15일밖에 시간이 안 나네요"라며 만날 수 있는 날을 제한한다. 이를테면 '나를 만날 수 있는 날은 15일 한정!'으로 희소성을 높이는 것이다.

그러면 상대는 '바쁜 와중에 자신을 위해 시간을 내 주었다'며 기뻐한다. 전화나 문자도 매일이 아니라 '주말 밤에만 가능하다'고 제한을 두는 편이 좋다.

둘째는 '다른 사람의 구애를 받고 있음'을 넌지시 비추어라. "얼마 전에 데이트 신청을 받았어요", "요즘 들어 그 사람한테 자주 문자가 오네요"라고 다른 이성에게 구애를 받고 있다는 사실을 슬쩍 알려라. 상품에 비유하자면 '남은 수량이 별로 없습니다! 서두르세요' 혹은 '매진 임박'이나 마찬가지로 지금까지 당신을 크게 의식하지 않았더라도 '빨리 서두르지 않으면 다른 사람에게 빼앗길 수 있다!'라는 생각에 초조해진다. 당신에게 마음이 있다면 어떤 행동이든 할 것이다.

마음에 있는 상대에게 행동을 촉구하는 데 목적이 있으므로 다른 남성에게 구애를 받았다는 사실을 자랑삼아 늘어놓지 말고 안타까운 듯 '다른 사람은 나를 좋아하는 데 정작 당신은 제 마음을 몰라주네요'라는 뉘앙스로 이야기하는 태도가 핵심이다.

'흔들다리 이론'

무덤덤한 상대의
마음을 자극한다

영화관은 데이트의 필수 코스라 할 수 있다. 모처럼 얻은 기회에 두 사람이 나란히 앉아 단순히 영화만 관람한다면 시간이 너무 아깝다. 영화관에서의 행동이 데이트의 성패를 좌우한다고 해도 과언이 아니기 때문이다.

영화관은 두 사람이 암흑을 공유할 수 있는 데다가 퍼스널 스페이스를 깨고 '연인의 거리'를 만들 수 있어 커플에게는 최적의 공간이라 할 수 있다. 게다가 같은 영화를 공유하는 상태이므로 친밀감이 극대화된다. 이때 격렬한 액션영화나 공포영화를 적극 추천한다. '흔들다리 이론' 효과를 낼 수 있기 때문이다.

'흔들다리 이론'은 캐나다의 심리학자인 도널드 더튼 Donald Dutton과 아서 애런Arthur Aron의 '생리 인지설의 흔들다리 실험'으로 증명된 학설로 '사랑의 흔들다리 이론'이라고도 부른다.

'사람은 생리적으로 흥분상태에 있을 때 사랑을 한다고 인식한다'는 가설로 이에 관해 실험으로 증명되었다.

18~35세까지의 독신남성을 두 그룹으로 나누어 각각 계곡에 연결된 불안한 흔들다리와 튼튼한 나무다리를 건너게 했다. 그러면 설문조사원으로 가장한 여성 실험자가 다리 중간 즈음에서 남성을 멈춰 세우고 설문지를 작성하게 했다. 그런 다음 "설문 결과에 관심이 있으면 나중에 전화하세요"라며 전화번호를 알려준 결과, 흔들다리에서 만난 대부분의 남성이 전화를 건 데 반해 튼튼한 나무다리에서 만난 남성 가운데 전화를 해온 사람은 10퍼센트에 불과했다고 한다.

결론적으로 흔들다리 위에서 긴장감을 공유한 경험이 연애감정으로 발전할 수 있다는 결과가 나왔다.

이 효과를 영화관에 적용하려면 가슴을 조마조마하게 하는 격렬한 액션이나 긴장감을 주는 공포영화를 선택하는 것이 좋다. 또한 자연스럽게 손을 잡는 것도 잊지 마라.

영화관을 나온 뒤에도 별다른 거부감 없이 손을 잡을 수 있으므로 분명 관계가 더욱 깊어질 것이다.

'호감의 법칙'

파티에서 상대의 마음을 사로잡는 유도술

이제 파티는 만남의 장으로 정착되고 있다. 그런데 이 만남의 기회를 제대로 활용하지 못하는 사람도 많다.

　파티에서 마음에 드는 상대의 마음을 사로잡기란 전혀 어렵지 않다. 지금부터 설명하는 사항만 완벽하게 지킨다면 틀림없이 성공할 것이다.

마음에 드는 이성을 내 마음대로 조정한다

무작정 접근하지 말고 상대가 활짝 미소를 짓는 순간이나 대화가 무르익었을 때, 타이밍을 놓치지 말고 손을 내밀면 닿을 수 있는 거리 정도로 가까이 다가간다.

상대가 먼저 호의를 보이면 호의로 보답한다는 심리학 법칙이 있다. 모임에서 '느낌 괜찮은 사람'이 있다면 "첫인상이 정말 좋습니다"라며 직설적으로 호감을 나타낸다.

상대 또한 호감을 나타낸 사람을 나쁘게 생각할 리 없다. '괜찮은 사람이네'라며 호감을 나타내는 경우가 많다.

속마음을 털어놓으면 상대에 대한 친밀감이 급속도로 높아진다. '사실은 말이죠'라는 말로 이야기를 시작하면 두 사람만의 비밀을 공유하는 듯한 느낌을 준다.

이를테면 남성이 "사실은 말이죠"라며 운을 뗀 뒤 "결혼정보회사에서 주최하는 파티에 여러 번 참가했지만 매번 그냥 그랬는데, 오늘은 행사장에 들어온 순간부터 아름다운

분이 눈에 들어와 가슴이 두근거렸습니다"라고 말하며 다가가면 여성은 내심 기분 좋아할 것이다.

만약 '낚시'가 취미라면 이렇게 말해보라. "낚시를 좋아합니다. 제가 잡은 생선요리와 와인을 곁들여 마시며 보내는 시간이 정말 행복합니다"라고 하면 낚시뿐 아니라 '요리'와 '와인'이라는 항목이 늘어나므로 상대가 '아, 나랑 똑같네'라고 느낄 기회가 많아질 것이다.

'리딩 퀘스천'

선택지 질문으로
만남을 유도한다

리딩Leading이란 '이끈다'는 뜻이다. '리딩 퀘스천Leading Question'은 질문을 통해 자신이 원하는 답을 유도하는 방법이다.

심리학에서는 이를 '전제제시'라고 하는데 논의할 여지를 없애고 선택지를 제시하는 방법이다.

"내일 점심은 이탈리안 레스토랑과 중화요리 어느 게 좋아?"이 질문에 당신은 어떻게 대답할까?

아주 독특한 사람이 아니라면 둘 중 하나를 선택할 것이다. 즉 질문을 던진 시점에서부터 이미 선택지는 둘밖에 없음을 눈치챘을 것이다. 물론 인도 요리도 있고 프랑스 요리도 있다. 하지만 상대가 제시한 순간 당신은 둘 중 어느 쪽을 선택할지 고민한다. 이 효과를 활용하라.

미팅에서 마음에 드는 상대와 단 둘이서 이야기할 기회가 생긴다면 망설이지 말고 먼저 말을 걸어라.

"얼마 전에 엄청 맛있는 이탈리안 음식점과 멕시칸 음식점을 발견했는데 둘 중 어느 쪽을 더 좋아하세요?"

"으음, 전 이탈리안 음식이요."

"아아, 그럼 다음에 같이 갈까요? 참, 조금 있다 다들 노래방에 가는 것 같은데 노래방에 가실 건가요? 아니면 둘이 빠져나갈까요?"

이 정도의 신뢰관계가 구축된다면 어지간히 중대한 문제가 발생하지 않는 한 커플이 될 가능성이 높아진다. 연락처를 물으면 거부감 없이 말해줄 것이다. 어느 쪽을 선택하든 두 사람이 만날 기회를 만들 수 있다.

마음에 드는 이성을 내 마음대로 조정한다

'타이밍의 기술'

—

문자의 기술로
호감도를 높인다

연애에서 문자를 주고받을 때 그 내용보다 훨씬 더 중요한
요소가 있다.

문자를 보내도 실례가 되지 않는 요일이나 시간대를 상
대에게 미리 물어보는 것이 중요하다. 이렇게 하면 상대가
심리적으로 불쾌하게 생각하지 않는 시간대에 문자를 보낼
수 있다. 그만큼 문자를 보내는 타이밍이 중요하다.

또한 상대의 답장 간격에 맞추는 편이 좋다. 특히 여성은 상대가 자신의 회신간격에 맞춰주면 심리적으로 편안함을 느낀다고 한다.

여성이 30분 이내에 답장을 보낸다면 당신도 30분 정도 후에 회신하라. 여성이 2~3시간 후에 문자에 답장을 한다면 당신도 문자를 받은 후 2~3시간 뒤에 답을 한다.

너무 빨리 답을 하면 매달리는 듯한 인상을 주어 부담을 줄 수도 있으며, 상대에게 한가한 사람처럼 보일 수도 있다.

특별히 긴급한 내용이 아니라면 답장을 서두를 필요가 없다.

흔히 '여자들이 문자를 자주 보내는 남자를 좋아한다'고 생각하는데 이는 거짓말이다. 여성은 좋아하는 남성이 자주 문자를 보내면 기뻐하지만 아직 깊은 관계가 아닌 사람이 자주 문자를 보내면 오히려 역효과가 난다.

상대와 감각을 맞춰가는 행동을 심리학에서는 '미러링'이라 하는데 자신과 같은 행동을 하는 사람은 가치관도 같다고 생각한다.

그리고 상대에게 빈번하게 문자가 오기 시작했다면 한동안 연락을 끊어보라.

5일 정도 지나면 틀림없이 상대는 '무슨 일 있어?'라고 문자를 보낼 것이다. 상대는 이 5일 내내 당신이 머릿속에서 떠나지 않았을 것이다.

'왜 이 사람이 계속 생각나지? 혹시 좋아하는 걸까?'라고 착각하게 된다.

이 미묘한 밀고 당기기를 통해 사랑의 기회를 확실히 얻을 수 있게 된다.

'식사 효과'

식사하면서 연애감정을 높인다

데이트를 하면 함께 밥을 먹을 기회가 생긴다.

사람은 밥을 먹을 때 가장 무방비한 상태가 된다고 한다. 그런 까닭에 비즈니스든 연애든 반드시 '식사'라는 행동이 들어가게 된다.

어렵사리 상대와 식사할 기회를 만들었는데 그냥 밥만 먹을 수는 없다.

미국의 심리학자 어빙 재니스Irving Janis는 '좋은 느낌'이라는 유명한 실험을 실시했다. 대학생을 두 그룹으로 나누어 각 그룹에 4가지 주제의 글을 읽게 했다. 여기에서 제시한 4가지 주제는 '암은 언제쯤 치료가 가능해질까?', '미국의 군대규모는 적당한가?', '달나라 여행은 언제쯤 가능해지는가?', '입체영화의 상용화는 언제쯤 가능할까?'에 관련된 난해한 논문들이었다. 글을 읽는 데 익숙한 사람이라도 쉽지 않은 과제다.

그런데 글을 읽는 동안 두 그룹 중 한쪽에는 콜라와 땅콩을 먹게 했고, 다른 한쪽에는 아무것도 주지 않았다.

그 결과 콜라와 땅콩을 먹으면서 글을 읽은 그룹은 그렇지 않은 그룹보다 글을 호의적으로 해석했다고 한다.

사람은 뭔가를 먹을 때 쾌감을 느낀다. 즉 함께 식사를 하는 자체가 이미 당신에게 연애감정을 느낄 수 있는 준비가 되었음을 의미한다. 이제 기술을 사용할 때가 왔다.

식사를 하면서 상대와 이야기를 나눌 때 '혀로 입술을 훑어라'. 이 행동을 통해 상대의 무의식 속에 성적인 이미지를 심어줄 수 있다. 다만 억지스럽지 않은 정도에서 조절하지 않으면 이상한 사람으로 비칠 뿐이므로 주의하기 바란다.

기혼자를 좋아한 적이 있는 사람도 있을 것이다. 선을 넘었는가 아닌가라는 윤리적인 문제는 일단 접어두고, 당신이 이미 기혼자와 불륜관계라면 상대가 놀이상대로 생각하는지 아닌지를 단번에 알아낼 수 있는 질문 기술이 있다.

불륜상대에게 자주 하는 말 중 하나가 "곧 이혼하면 같이 살자"일 것이다. 하지만 두 사람이 정말 함께하게 될 가능성은 매우 희박하다.

상대가 놀이 상대로 생각한다는 사실을 잘 알면서도 진실을 알고 싶지 않다. 이 관계를 끝내고 싶지 않은 마음 때문에 갈등하기도 한다.

이런 상황일수록 상대의 진심과 직면해야 한다. 상대에게 이렇게 질문해보라.

"어제 당신과 결혼할 때 입을 드레스를 보고 왔어요."

이때 상대의 반응을 주의 깊게 살펴보라. 만약 2초 이상 굳은 채 가만히 있다가 입을 열었다면 당신과의 결혼은 애초부터 '생각하지 않았다'는 증거다.

반대로 1초 이내에 "그래? 어떤 걸 입었어?"라며 흥미를 보인다면 적어도 긍정적으로 생각하고 있음을 의미한다.

심리학에서도 이처럼 반응시간을 분석하는 실험이 자주 실시되어 논문으로 발표되고 있는데, 공통적으로 당돌하고 자신에게 불리한 질문이 던져졌을 때 실험대상자의 반응시간이 늦어진다는 사실이 증명되었다.

'팔찌 효과'

선물로 상대의
마음을 사는 기술

실험대상자에게 환금가능한 칩을 건네주고 게임을 하게 한 후 도중에 추가칩와 메모가 들어 있는 봉투를 건넸다. 메모에는 다음 세 종류의 글이 적혀 있다.

1. 이자를 붙여서 돌려주세요(높은 의무조건)
2. 동일한 개수의 칩을 돌려주세요(동일조건)

마음에 드는 이성을 내 마음대로 조정한다

이 중에서 실험대상자가 가장 호의적으로 느낀 메모는 두 번째 동일조건이다. 3에서처럼 무상의 선물을 받으면 '운이 좋다!'고 느끼기보다 '뭔가 다른 속셈이 있는 게 틀림없어'라고 경계심을 품게 된다.

이에 관해서는 일본의 심리학자 시부야 쇼조渋谷昌三가 감수한《다른 사람에게 말해주고 싶어지는 심리학 99가지 문제必ず誰かに話したくなる心理学99題》에 나온 문제로 고가의 선물은 오히려 좋지 않다는 사실을 말해준다.

선물을 한다면 부담스럽지 않은 정도가 가장 좋지만 단 하나, 선물로 추천해주고 싶은 아이템이 바로 '팔찌'다.

팔찌는 목걸이나 반지보다 몸에 밀착되는 느낌이 강해서 착용했을 때 가장 신경이 많이 쓰이는 물건이다.

팔찌를 선물하면 자주 신경이 쓰이는 신체부위에 당신의 이미지가 겹쳐지면서 자동적으로 당신을 떠올리게 하는 매개체가 되어줄 것이다. 이 방법은 매우 효과가 크므로 반드시 시도해보라.

'운전 심리'

차 안에서는 본성이 드러난다

대대수의 남성은 이제 막 교제를 시작한 단계에서는 여성에게 잘 보이기 위한 심리가 작용하여 점잖은 척하며 좀처럼 본성을 드러내지 않는다.

이때 여성은 남성의 차에서 그의 심리를 읽어낼 수 있다. 먼저 '자동차 운전하는 습관'을 관찰한다.

자동차를 운전할 때와 같이 신경을 집중해야 하고 마음

을 놓지 못하는 상황 속에서는 자신의 본성을 숨기기가 힘든 법이다. 상대가 뭔가에 집중할 때야말로 본성을 엿볼 수 있는 좋은 기회다.

예컨대 다른 차가 끼어들었을 때 "뭐야!" 하고 짜증을 낸다면 변덕이 심할 것이라는 추측을 해볼 수 있다. 또한 앞에 차가 느리게 달리기라도 하면 조급해하며 필요 이상으로 경적을 울리거나 투덜거린다면 성격이 급하고 화를 잘 내는 사람이다.

앞차에 어린아이나 노인이 타고 있을 수도 있는데도 이런 행동을 한다면 다른 사람을 배려하는 마음이 부족하며, 자신밖에 모르는 사람임을 금방 알 수 있다.

이처럼 차를 운전하는 습관을 보면 그 사람의 성격을 추측할 수 있다.

그 다음에는 '차 안의 상태를 관찰'하라.

차 안에 물건들이 어지럽게 널려 있거나 지저분하다면 정리정돈이 서툴다고 쉽게 추측할 수 있다.

한편 신발에 묻은 흙을 털고 차를 탄다거나, 음식을 금지하는 등 차 안이 지나치게 깨끗하다면 신경질적이고 작은 일에 예민하게 구는 성향일 수도 있다.

또한 그다지 깔끔한 성격도 아닌데도 차 안만 유독 깨끗하다면 당신이 양다리의 상대, 잠시 한눈을 파는 상대일 가능성도 있으므로 차 안을 깨끗하게 유지해야 할 사정이 무엇인지 알아보아야 한다.

이런 부분들은 당신이 차에 타는 순간부터 알 수 있는 사항이다. 오히려 이런 부분까지 세심하게 주의를 기울인다면 당신에 대한 신뢰감이 더욱 높아질 것이다.

'친밀함의 법칙'

관계에 특효인
'한밤의 데이트'

친근하게 대화를 나누고 때로는 둘이 만나서 시간을 보내기도 하지만 무슨 까닭인지 마지막 선을 넘지 못하는 '친구 이상 연인 미만'인 관계에 머물러 있다.

연애에 소극적인 이른바 '초식남'이 등장하면서 애매한 남녀관계가 부쩍 늘어난 듯하다. 만약 마음속으로는 상대에게 연애감정을 느끼고 있으며 연인으로 발전하고 싶다면 지금부터 소개하는 세 가지 사항을 실천해보라.

연인 미만인 남녀라면 둘이서 만나도 지나치게 건전한 분위기를 연출한다. 개방적이고 세련된 카페에서 이야기를 나누거나, 운동을 하며 땀을 흘리는 것도 좋지만 좀더 친밀해지고 싶다면 한밤의 데이트가 필수조건이다.

미국의 심리학자 가겐Gargen이 서로 안면이 없는 남녀를 밝은 방과 어두운 방에 각각 한 시간씩 가둬두는 실험을 진행했더니, 밝은 방에 있었던 남녀는 서로 떨어진 위치에 앉아 별 것 아닌 이야기를 하며 한 시간을 보낸 데 반해, 어두운 방에 있었던 남녀는 손을 잡거나 껴안는 등 매우 가까워졌다고 한다.

먼저 데이트 시간대는 낮보다는 밤이 좋다.

장소도 조용한 바나 레스토랑 등 조명이 어두운 곳을 택한다. 테이블석보다 카운터 자리가 친밀도를 높이는 데 효과적이다.

테이블을 가운데 두고 앉으면 아무래도 서로 마주보게 된다. 그런데 심리학에서는 '스틴저Stynger 원칙'이라고 해서 정면에서 마주보는 것은 '적대관계'를 의미한다고 본다.

어둠 속에서 데이트를 해도 여전히 반응을 보이지 않는 둔

감한 상대라면 가벼운 스킨십으로 상대의 심장을 뛰게 해보라. 접촉이 불가능한 경우라면 상대의 신체 대신 자신의 몸을 양손으로 껴안는 동작을 취해보라.

영국의 동물행동학자인 데즈몬드 모리스Desmond Morris에 따르면 '사람은 자신에게 해주기를 바라는 것을 몸으로 표현하여 전달한다'고 한다.

즉 자신의 몸을 껴안는 동작은 상대에게 '안아 달라'는 신호인 셈이다. 이런 '유사행위'를 상대에게 보여줌으로써 최면을 거는 셈이다.

하지만 이는 여성이 남성에게 할 때만 유효한 기술이다. 남성들은 그녀 앞에서 자신의 몸을 껴안는 등의 행동을 해서는 절대 안 된다.

'셀프 서머라이징 신드롬'

자기완결형 커뮤니케이션은 금물

'몸이 멀어지면 마음도 멀어진다'는 말처럼 원거리 연애는 힘들다. 어떻게든 상대의 마음을 붙잡아두고 싶은 것이 당연하다.

이 원거리 연애에서 유일하게 가능한 접촉이 목소리를 통한 커뮤니케이션이라는 사실에 주목해야 한다. 신체적인 접촉이 없는 만큼 전화 목소리를 통한 커뮤니케이션이 무척 중요한 비중을 차지한다. 원거리 연애에서 상대의 마음을 붙잡아둘 수 있는 수단은 당신의 목소리인 것이다.

비법은 상대가 한 말을 정리하지 말 것, 또 하나 의문을 던지지 말 것, 이 두 가지다.

"……그러니까 이런 말인 거지?"

"정말 제대로 듣고 있어?" 등이 여기에 해당된다.

상대가 말한 내용을 자기 마음대로 정리해서 결론짓는 행동을 심리학 용어로는 '셀프 서머라이징 신드롬Self Summarizing Syndrome'이라고 한다.

이렇게 상대의 말을 멋대로 정리해버리거나 의문을 던지는 사람은 원거리 연애에 실패할 가능성이 크다.

'자기완결형'의 커뮤니케이션으로 대화를 나눈 상대는 불쾌한 기분이 들어서 더 이상 대화를 나누기가 싫어진다.

그렇지 않아도 물리적으로 거리가 떨어져 있는데 심리적인 거리까지 멀어져 버리면 원거리 연애는 애당초 무리다.

당신이 지금 원거리 연애 중이라면 '자기완결형' 커뮤니케이션을 하고 있지는 않은지 꼼꼼하게 체크해보라.

싸우더라도
쉽게 화해한다

교제가 깊어지면 당연히 싸우기도 할 것이다.

그런데 사소한 일로 싸운 후에 오랫동안 화해를 하지 못하는 커플이 있다. '싸움을 할 정도로 사이가 좋다'고 할 수도 있지만 뭐든 도가 지나치면 좋지 않은 법이다.

사람은 싸움을 할 때 분노를 느낀다. 이성은 사라지고 감정적으로 행동하게 된다. 이때 마음속 깊이 담아두었던 불만이 있다면 분노에 의지하여 단숨에 분출된다.

그런데 싸움을 한 후에 사이를 더욱 가깝게 만드는 방법이 있으므로 활용해보기 바란다.

상대의 동작이나 몸짓을 흉내내 상대와 조화를 이루도록 하는 데 목적이 있는 '매칭Matching'이라는 기술과 그 반대인 '언매칭Unmatching' 기술을 사용한다.

잔뜩 화가 난 상대와 같은 행동을 하여 싸움을 더 크게 만든 경험이 있을 것이다.

예컨대 상대가 힘껏 문을 밀어 '꽝' 하고 닫으면 당신도 주먹으로 벽을 쳐서 큰소리를 낸다거나, 상대가 컵을 집어 던지면 나도 질 수 없다는 듯 접시를 던지는 식이다.

이는 싸움을 하는 동안 무의식적으로 매칭을 하고 있다는 증거다.

'언매칭'은 그 반대다.

상대가 힘껏 문을 닫으면 당신은 냉정하고 차분하게 문을 연다. 상대가 컵을 집어던지면 당신은 조용히 유리조각을 정리한다.

이렇게 상대와 매칭되지 않는 행동을 하는 것이다.

그러면 상대는 자신의 분노가 창피하게 느껴지면서 점차

진정한다. 또한 분노상태에서도 냉정하게 대처한 당신에게 미안한 마음이 들 것이다.

단, 싸움의 원인이 당신에게 있다면 '미안한 마음'이 들지 않으므로 이 점에 주의하라. 이 기술은 어디까지나 사소한 일로 싸웠을 때만 유효하다.

'유혹의 기술'

"응? 부탁이야"로
모성본능을 자극한다

업소에서 일하는 여성과 마음 편하게 이야기를 나누려면 돈과 시간이 든다.

신뢰관계가 형성될 때까지 가게에 드나들어야 하고, 이 과정에서 드는 비용적인 부담이 상당하다. 게다가 그렇게 많은 돈을 들여도 자신의 사람이 될 수 있을지 알 수 없다. 상대 또한 업계 프로이므로 미묘한 거리를 유지하며 관계를 지속한다.

그렇다면 어떤 기술을 사용해야 할까? 알고 보면 어이없을 만큼 간단한 유혹의 기술이 있다.

바로 '모성본능을 자극한다'이다.

"응? 부탁이야. 선물 하나만 하게 해줘."

"응? 부탁이야. 같이 밥 먹으러 가자."

"응? 부탁이야. 다음 쉬는 날에 나랑 데이트 하자."

장난처럼 보일 수도 있지만 이런 식으로 간단한 요구부터 시작해서 서서히 핵심으로 유도해간다.

신뢰관계가 구축되어 있다면 여성은 당신의 '요구'를 마치 어린아이가 응석을 부리는 양 받아들일 것이다. 여성의 모성본능을 자극하는 방법이다.

물론 단계를 밟으면서 하나씩 YES를 쌓아가야 한다.

선물을 받았다면 그 다음은 식사에 초대한다. 만약 거절하면 허락할 때까지 포기하지 않는다. 함께 식사를 하는 데 성공했다면 다음은 영화를 보러 간다. 이런 식으로 한 단계씩 관계를 쌓으면서 핵심으로 다가간다.

이 수법을 활용하면 거의 확실하게 목표에 도달할 수 있으므로 부디 시험해보기 바란다.

'오감 활용 기술'

자연스럽게
키스를 유도한다

연애에서 키스는 남녀 모두에게 중요한 의미가 있는 첫 걸음이자 첫 번째 난관이기도 하다.

물론 신뢰관계가 깊어지면 자연스럽게 하게 될 수도 있지만 여기에서는 여성의 두뇌로 직접적으로 신호를 보내는, 이른바 두뇌과학을 사용한 기술을 전수하겠다.

키스를 유도하는 기술이란 일반적으로 키스를 하기 전에

무의식적으로 하는 동작을 의식적으로 하는 방법이다. 이제 구체적인 방법을 소개하겠다.

1. 당신의 오른쪽 눈으로 여성의 오른쪽 눈을 1.5초 동안 바라본다.
2. 당신의 오른쪽 눈으로 여성의 왼쪽 눈을 1.5초 동안 바라본다.
3. 당신의 오른쪽 눈으로 여성의 입술을 1.5초 동안 바라본다.

이 동작을 데이트 하는 동안 30분에 한 번꼴로 반복한다.

즉 당신의 오른쪽 눈으로 여성의 오른쪽 눈 → 왼쪽 눈 → 입술로 삼각형을 그리며 시선을 이동하면 된다. 일반적으로 키스를 할 때 무의식적으로 시선이 이 삼각형을 그린다고 한다.

당신의 오른쪽 눈이 시작되는 지점은 여성의 '오른쪽 눈'이라는 점을 기억하라. 오른쪽 눈은 오른쪽 뇌와 직접적으로 연결되어 있다.

인간의 뇌는 왼쪽과 오른쪽으로 나뉘어져 있는데 좌뇌는

사고와 논리를 담당하고 문자와 언어를 인식한다. 인간적인 뇌인 우뇌는 오감을 담당하며 그림과 영화를 인식하는 동물적인 뇌로 알려져 있다.

즉 여성의 오감과 동물적인 본능에 호소함으로써 자연스럽게 키스를 받아들이는 분위기로 유도하는 것이다.

'트랜스 화법'

—

의존상태를 만들어 헤어지지 않는다

트랜스란 뭔가에 완전히 주의를 집중하고 있는 상태로 일상에서 자주 겪는 경험이다.

이를테면 영화에 집중할 때 당신은 영화에 트랜스 상태가 된 것이며, 책에 집중하고 있다면 책에 트랜스 상태가 된 것이라 할 수 있다.

'트랜스 화법'은 에릭소니언 최면Ericksonian Hypnosis으로 유명한 밀튼 에릭슨Milton Erickson이 창출한 기법이다. 요즘에는 NLP(신경언어프로그래밍)에서도 자주 활용되고 있어 친숙한 사람이 많으리라 생각한다.

이 트랜스 기술을 대화 속에서 손쉽게 적용할 수 있는 방법이 있다. 모든 대화 속에 상대를 등장시키면 된다.

"어제 차를 타고 가는데 멋진 스포츠카가 옆을 지나가더라고!"

→ "어제, 당신이랑 무척 잘 어울리는 스포츠카가 내 옆을 지나가더라고!"

"집이 정말 크네"

→ "당신은 나중에 이런 큰 집에서 살게 되겠지"

이런 식으로 모든 대화에 상대를 집어넣으면 상대는 무의식적으로 그 이미지를 떠올리게 되고 어느새 당신이 말한 대로 행동하기 시작한다.

이는 대화는 물론 편지나 이메일 같은 문장에서도 효과가 있으므로 꼭 활용하기 바란다. 나아가 이를 지속하는 사이 상대는 당신에 대한 일종의 의존상태가 된다. 당신의 말이 상대를 지탱하는 활력이 되었으므로 이제 당신 곁을 떠날 수 없게 된 것만은 분명하다.

'구체성의 언어트릭'

|

질문 하나로
외도를 간파해내다

외도는 상대에 대한 가장 큰 배신이지만 남녀가 이 세상에 존재하는 한 외도가 사라지는 일은 없을 것이다.

바람을 피운다면 상대가 모르도록 철저히 감추는 것이 예의지만 평소와 다른 말과 행동에 상대는 눈치를 챌 수밖에 없다.

'모르는 게 약'이지만 진실을 알고 나서 다시 새로운 사랑을 시작하게 될 수도 있으므로 너무 상심하지는 않길 바란다.

여기에서는 쉽게 외도를 간파하는 언어트릭을 전수하려고 한다. 혹시 파트너의 외도가 의심스럽다면 당돌하게 이런 질문을 해보라.

"어제 아침부터 뭘 했는지 말해줘."

아침에 뭘 먹고, 낮에는 어딜 갔는지, 그 장소로 이동한 수단은 무엇인지, 점심으로는 뭘 먹었는지, 어느 식당에 갔는지, 누구를 만났는지, 저녁에는 어디에 가서 무엇을 했는지를 자세하고 구체적으로 묻는다.

상대가 답변을 끝내면 지금까지 말한 내용을 역순으로 다시 말하게 한다. 만약 여기에서 말이 막히거나, 완벽하게 다시 말하지 못한다면 방금 한 말은 거짓이다.

이는 미국 FBI에서 용의자를 심문할 때 사용하는 수법으로 사람은 거짓말을 할 때 필사적으로 그럴 듯하게 꾸며대지만 내용이 구체적일수록 자신이 한 말을 기억하지 못한다.

그러므로 만약 상대의 외도가 의심된다면 시험 삼아 시도해보라.

'애정결핍'

사랑을 제자리로
되돌리고 싶다면

불륜이나 바람을 잠재우는 방법 중 하나는 '비난'하지 않는 것이다. 비난하지 않는 태도가 상대를 냉정하게 만들어 더 이상 배신하면 당신과의 관계를 두 번 다시 되돌릴 수 없을 수도 있다는 공포심을 심어준다.

아무 말도 하지 않아도 본능적으로 느끼게 된다. 사실 외도를 하는 사람은 강한 죄책감에 시달린다.

이런 사람을 비난하면 당연히 잘못했다고 생각할 것이다. 이렇게 해서 반성하면 다행이지만 죄책감이 너무 심하면 오히려 반발작용이 나타난다.

죄책감의 크기는 자신이 한 일에 책임을 느끼는 크기와 동등하므로 외도를 했다는 죄의식을 직시하는 자체를 견디기 힘들어 한다. 이 때문에 다른 사람의 탓으로 잘못을 돌린다. 다른 사람을 탓하는 동안은 자책하지 않아도 되기 때문이다.

대부분의 경우, 외도를 한 사람을 비난하면 "당신이 잘못했기 때문이잖아"라며 오히려 화를 낸다.

이렇게 되면 결국은 당신에게서 멀어지게 된다. 물리적인 거리가 죄책감을 약하게 만드는 작용을 하기 때문이다.

만약 상대의 바람을 잠재우고 다시 관계를 회복하고 싶다면 분한 마음을 꾹 누르고 외도의 계기가 무엇이든 상대를 비난하지 않도록 한다.

또 하나 해야 할 일이 있다.

'결핍된 애정'을 채워주는 것이다. 불륜상대와 정리하고 가정으로 돌아오기를 바란다면 이 방법이 가장 효과적이다.

늘 감사의 말을 전한다. 남편에게 아이의 엄마가 아니라 다시 한 번 여성으로서 대한다. 아내에게 아이의 아빠가 아니라 예전의 남성으로 다가간다. 부부만의 데이트와 여행을 즐긴다. 상대의 마음을 존중해준다.

이런 식으로 파트너의 공허한 부분을 채워준다면 당신의 소중함을 깨닫고 다시 제자리로 돌아올 것이다. 이것이 가장 효과적인 수단임을 항상 기억하기 바란다.

'공통 관심사'

무덤덤한 상대의
마음으로 파고들다

애인이 필요가 없다고 말하는 남녀가 증가하는 추세다. 이런 사람을 좋아하게 되었다면 어떻게 접근해야 할까?

　이런 상황에서 심리기술을 사용해 어떻게 하고자 한다면 유감스럽지만 실패할 확률이 크다. 관계성이 형성되지 않은 상태에서 심리기술은 아무 소용이 없다. 상대를 좋아하게 되었을 때 해결방법은 단 하나, 상대의 마음속으로 파고들어 가는 수밖에 없다.

먼저 상대의 마음속으로 들어가려면 상대가 좋아하는 취미에 자신도 관심을 보여야 한다. 만약 그 분야에 대해 전혀 모른다면 솔직하게 상대에게 "난 전혀 모르지만 당신이 좋아하니까 궁금해졌어요. 가르쳐줄 수 없을까요?"라고 부탁하면 된다.

상대는 자신이 잘 아는 분야이므로 기꺼이 알려줄 것이다. 이렇게 해서 공통의 취미가 늘면 자연스럽게 함께하는 시간이 늘어난다. 이쯤 되면 꽤 유리한 입지를 점령했다고 할 수 있다.

상대의 마음속으로 파고들어 갔다면 이제 '시간을 투자'하라.

공통 화제에 대해 진지하게 이야기를 나눌 수 있는 관계가 되었다고 해서 성급하게 굴어서는 안 된다. 상대는 아직 연애단계가 아니라 '취미를 함께 나눌 수 있는 가장 친한 이성친구'로 인식하고 있을 뿐이다.

이 단계에서 둘만의 자리를 만들려고 하면 단호하게 선을 긋고 밀어낼 수도 있다. 상대가 먼저 '배고프다', '○○에 가고 싶다' 같은 말을 했을 때는 둘만의 만남을 시도해볼 만

하지만 적극적으로 데이트를 한다는 느낌을 주지 않는 편이 좋다.

이 상태에서 몇 년이 걸리는 사례도 있으므로 인내심을 가지고 기다린다. 상대가 서서히 이성으로 의식하기 시작한다면 이제 다 끝난 것이나 마찬가지다.

연애와 결혼은 인연도 있겠지만 타이밍도 중요하다. '문득 뒤돌아봤더니 당신이 있다'는 느낌이 든 순간 당신을 보는 시선이 달라질 것이다. 포기하지 말고 묵묵히 전진하라.

POTENTIA

6.

암시의 힘으로
잠재능력을
끌어낸다

'사고정지법'

의지박약을
간단히 극복한다

'좋아, 오늘부터 다이어트를 해서 10킬로그램을 빼고야 말겠어.'

굳게 결심했지만 3일째쯤 되면 '이 정도는 괜찮겠지'라며 스스로 위안하며 초콜릿을 먹기 시작한다.

사람의 의지는 유약하기 그지없어 한 번 결심한 일을 지속하기란 무척 어렵다. 의지가 약해서 아무 일도 지속하지 못하는 사람이라면 '사고정지법'을 추천한다.

사실 의지가 약한 사람은 없다. 의지가 약한 것이 아니라 의지를 자신의 힘으로 무너뜨리는 것이다. 예컨대 '10킬로그램을 감량한다'는 결심을 하고서 불과 일주일 만에 체중계에 올라가보고는 '뭐야, 겨우 1킬로그램밖에 안 줄었잖아'라며 부정적으로 생각하기 시작한다.

이런 부정적인 사고는 의외로 막강한 힘을 발휘해서 일단 자리를 잡으면 다이어트에 대해 점차 부정적인 생각이 커지게 된다.

이렇게 되면 부정적인 사고를 멈추려고 뇌에서 명령을 내려서 핑계를 찾지 않아도 되도록 다이어트를 중단시키는 것이다.

문제는 이상과 현실 사이에서 생겨나는 부정적인 사고에서 비롯된다. 그러므로 결심을 지속하려면 부정적인 사고를 하지 않으면 된다.

'사고정지법'이란 다이어트를 예로 들어 설명하면 도중에 체중을 측정하지 않으면 된다. 체중을 측정하고 나면 동기 유발은커녕 오히려 방해가 될 뿐이므로 무조건 하나에 집중하여 담담히 결심을 지속해나간다. 이것으로 충분하다.

그렇다면 아침에 일찍 일어나겠다는 결심은 어떻게 실천할 수 있을까?

일찍 자면 된다. 간단하지 않은가? 일찍 일어나는 데 중점을 두지 말고 일찍 잠자리에 드는 데 중점을 두어라. 저절로 일찍 일어나게 될 것이다.

'심층 자기설득'

생각하는 대로
행운이 따른다

무슨 일이든 술술 잘 풀리는 사람이 있다. 인간관계가 좋아서 어려운 일이 생기면 어디선가 도움을 주는 사람이 나타난다.

금전적으로 힘들면 누군가가 경제적인 원조를 해주고, 업무적으로도 골치 아픈 문제가 발생했나 싶으면 강력한 협력자가 나타나 모든 것을 해결해준다.

이런 사람을 보면 "저 사람은 운이 정말 좋구나", "저렇게 운이 좋을 수가, 정말 부럽군"이라고 말한다.

똑같은 사람으로 태어났는데 왜 이런 큰 차이가 생기는 걸까?

사실 운이 좋은 사람은 스스로 운이 좋다고 생각할 뿐이다.

운이 좋다는 생각만으로 정말 운이 좋아진다니 참으로 불가사의한 현상이 아닌가?

하지만 이것은 불가사의한 현상이 아니라 심리적인 요소가 작용했기 때문이다. 스스로 운이 좋다고 생각하는 심리를 심리학적으로 '심층 자기설득'이라고 한다.

'심층 자기설득'은 흔히 말하는 긍정적인 사고와는 달리 자신을 반복적으로 설득한다는 특징이 있다. 어떤 어려운 상황에 처하더라도 '어떻게든 되겠지. 나는 반드시 이 상황을 해결할 수 있어'라고 스스로를 설득하기 시작한다.

이 심층 자기설득을 하는 사람은 얼굴 표정이나 말도 당연히 밝고 긍정적이다. 이런 태도는 그 사람 주변에 있는 사람들에게도 좋은 영향을 준다.

자연히 주변 사람은 긍정적인 기운을 발산하는 당신에게 좋은 인상을 갖게 된다. 그 결과 이 긍정적인 기운을 부정적으로 만들고 싶지 않은 심리가 작용하여 이를 긍정적인 상태를 유지시키기 위해 도움의 손을 내미는 것이다.

반대로 늘 부정적이고 불평불만을 늘어놓는다면 주변 사람들은 이 사람 곁에서 멀어지려고 한다. 자신까지 불행한 상태에 빠지고 싶지 않기 때문이다.

그런 까닭에 부정적인 사람은 아무도 도와주려 하지 않는다. 이야기를 나눌 수 있는 상대는 고작해야 심리치료사나 가까운 가족 정도에 불과하다.

'말의 힘'
―
말로 잠재의식을
각성시킨다

아직도 말을 우습게 여기는 사람이 간혹 있다.

일본에서는 '언령言靈'이라고 해서 예로부터 말에는 혼이 깃들어 있다고 믿었다. 현대인들은 이 말의 중요성을 망각한 듯하다.

이렇게 말하면 "어딘가 신령스러워서 기이한 느낌이 든다"고 말하는 사람이 꼭 있다.

우리는 매일 언어를 사용하여 이야기를 나눈다. 가족과 친구, 직장동료와 거래처 직원들, 실로 수많은 사람과 이야기를 나누지만 사실 당신이 한 말을 무의식적으로 전부 듣고 있는 사람은 다름 아닌 자신이다.

여기에서 '무의식'이라는 말을 사용했다는 점에 주목하라.

당신과 대화를 나누는 상대는 의식적으로 귀를 기울여 당신이 하는 말을 듣지만, 당신은 무의식적으로 자신이 한 말을 듣고 있다.

즉 당신이 말한 내용을 무의식적으로 듣는다는 행위는 '최면'과 동일한 원리라고 할 수 있다.

최면요법사인 포브스 블레어Forbs Blair는 금연을 하고 싶어 하는 환자에게 금연최면술을 걸었는데 어느새 자신도 담배를 피우지 않는다는 사실을 깨달았다.

금연 최면치료 중 했던 말들을 자신이 무의식적으로 듣고 있었던 것이다. 여기에 착안하여 자기최면요법을 고안하여 언제든 스스로에게 최면을 걸 수 있도록 체계화시켰다.

어린아이를 생각해보면 쉽게 이해가 된다. 부모가 거친 말을 사용하면 마찬가지로 아이도 거친 말을 쓰고, 부모가 고운 말을 사용하면 아이도 고운 말을 사용한다. 그 원인은 일목요연하지 않은가?

　그런 까닭에 우리는 항상 바르고 고운 말을 사용하려고 노력해야 한다. 긍정적인 말, 기운을 주는 말, 위로가 되는 말을 의도적으로라도 사용해야 한다.

　반대로 거친 말, 부정적인 감정이 들게 하는 말은 절대 사용하지 않도록 한다.

'긍정적인 감정의 힘'

뇌리에 나쁜 추억을
새로 덧입한다

누구나 인생을 살면서 뜻하지 않은 일들과 맞닥뜨릴 때가
있다. 원치 않는 사건이나 배신, 이별, 사별 등 가슴 아픈 일
들은 누구의 인생에서든 똑같이 일어난다.

물론 시간이 해결해주겠지만 그 시간을 영원히 붙잡아
두는 사람도 있다. 이론적으로는 기억상실이라도 걸리지 않
는 한 기억을 지우는 일은 불가능하다. 하지만 기억을 새롭

게 바꿀 수는 있다.

하지만 기억을 새로 바꾸는 일은 큰 위험이 따르므로 여기에서는 심리기술을 통해 '추억'을 새롭게 바꾸는 방법을 알려주겠다.

그런데 '기억'과 '추억'의 차이가 뭘까? '기억'은 실제로 있었던 사건을 있는 그대로 영상화하여 보관하는 작업으로 여기에는 감정이 전혀 관여하지 않는다. 이를테면 영화필름과 비슷하다.

한편 '추억'에는 감정이 포함되어 있어, 그 감정이 긍정적이든 부정적이든 그 추억을 떠올릴 때마다 당시의 감정도 생생하게 되살아난다.

추억을 덧입히는 작업을 하기 전에 무엇보다 이 점을 충분히 이해하고 있어야 한다.

즉 나쁜 추억을 새롭게 바꾸려면 '감정'을 새롭게 덧입히면 된다.

사람의 머릿속에 있는 이미지를 바꿀 수는 없지만 감정은 간단하게 바꿀 수 있다. 우선 당신의 나쁜 추억을 떠올려 보라.

그러면 그 추억과 함께 부정적인 감정도 되살아날 것이

다. 그 감정이 마음속에서부터 표출될 때 곧바로 즐거웠던 일을 떠올려 긍정적인 감정으로 바꿔버린다.

이 작업을 10번 정도 반복하면 당신의 나쁜 추억에 덧붙여진 부정적인 감정은 사라진다. 추억에 관련된 감정이 달라지기 때문에 그 추억을 떠올려도 기분이 나빠지거나 부정적인 감정에 빠지지 않게 된다. 그러다 마지막에는 그 추억을 떠올리기조차 않게 된다.

물론 사건의 종류에 따라서는 10번으로는 효과가 없는 경우도 있다. 감정이 변화될 때까지 반복해야 하지만 아무쪼록 시도해보기 바란다.

'의지표명'

멘탈 강화로
금연에 성공한다

이번 항목에서는 뭔가를 그만하고 싶은데 그만두지 못하는 사람에게 매우 유익한 내용이다. 여기에서는 금연을 예로 들어 설명하기로 한다.

최근에는 금연치료가 일반화되어서 약으로 금연을 시도하는 사람도 많아졌다. 하지만 금연은 누군가가 갑자기 끊으라고 해서 쉽게 끊을 수 있는 것이 사실 아니다. 참으려고 할수록 니코틴 부족으로 인한 금단현상이 심해져서 안절부절 하지 못한다.

그렇다면 어떻게 해야 약이나 강한 의지 없이 금연에 성공할 수 있을까?

'어퍼메이션Affirmation(의지표명)'이라는 기술이 가장 효과적이다. 어려울 것 없다.

어퍼메이션이란 스스로에게 하는 선언 같은 것이다.

먼저 아침, 저녁 그리고 시간이 날 때마다 자신의 의지를 글로 적어 읽으면 된다. 담배는 언제든 피울 수 있으며 굳이 그만둘 필요도 없다. 어퍼메이션 문구 안에 직접 이렇게 적어 넣어라.

'나는 바보다. 담배는 긴장감에서 해방시켜주는 것이라고 착각했던 바보다. 마약보다 의존성이 강한 담배를 적당한 핑계를 둘러대며 피우고 있는 바보다. 매일 일부러 돈을 써가며 몸에 독을 집어넣는 것이나 마찬가지임을 잘 알고 있으면서 애써 외면해온 바보다. 이런 말도 안 되는 것을 피우는 바보는 어리석다. 다른 사람들이 마음속으로 '불쌍하게도 중독됐군'이라고 생각하는데도, 그것을 알고 있으면서도 모르는 척해온 바보다. 이대로는 결코 성공한 사람이 될 수

없어. 성공한 사람은 담배 같은 건 피우지 않으니까. 난 정말 바보야.'

이 문장을 담배를 피우고 싶을 때마다 아침, 저녁으로 반복해서 입 밖으로 소리 내서 읽어보라. 분명 자신이 바보처럼 느껴져서 담배 피우는 것을 그만두게 될 것이다.

사실 이것은 최면요법의 일환으로 실제로 금연을 하고자 하는 사람이 스스로에게 자기최면을 거는 행위다. 피암시성이 높은 사람이라면 더욱 효과가 크다.

'몸 사용법'

누구나 자신감 넘치는 사람이 될 수 있다

'나한테 좀더 자신감이 있었으면 좋겠는데….'

　간혹 어깨를 축 늘어뜨린 채 비참한 목소리로 이렇게 말하는 사람이 있다. 세상 사람들이 모두 자신감에 넘친다면 그야말로 혼란한 사회가 되겠지만, 그래도 자신감은 있는 편이 더 좋다는 사실은 누구나 잘 안다.

　그렇다면 자신감 넘치는 사람은 어떤 사람일까? 스포츠

에 비유하면 이해하기 쉬울 수도 있겠다. 만약 복싱 챔피언과 복성을 시작한 지 3개월째에 접어든 복서 중 누가 더 자신감이 있을까?

설명하지 않아도 알 것이다. 즉 자신감은 경험치에 비례한다. 경험이 많을수록 그 경험을 토대로 터득한 스킬을 바탕으로 한 자신감이 생긴다.

'자신감이 생길 때까지 뼈를 깎는 노력을 해야 하는 건가?'라며 벌써 겁먹을 필요는 없다. 사실은 법칙 하나만 의식하면 자신감이 생긴다. 기분이 축 처질 때와 '좋았어!'라며 흥분되고 기쁠 때에는 분명한 차이가 있을 것이다. 바로 몸을 사용하는 방법이다.

기분이 축 처질 때 사람은 어깨가 아래로 뚝 떨어지고, 등이 둥글게 굽으며, 머리는 아래쪽을 향하고, 몸 전체가 위축되어 있다.

반대로 흥분되고 기쁠 때는 손과 팔은 크게 열고, 얼굴은 위를 향하며, 목소리도 자연히 커진다.

이처럼 감정의 변화와 더불어 몸을 사용하는 방법도 달라지는 것이다. 그런데 당신은 축 처진 상태에서 제자리뛰기를 할 수 있는가? 할 수 없을 것이다. 그럼 제자리뛰기를 하면 기분이 어떻게 달라질까? 왠지 즐거워지지 않을까? 이처럼 자신이 만들고 싶은 감정을 몸으로 먼저 표현하면 자연스럽게 감정도 조정할 수 있다.

즉 자신이 없다면 자신 있을 때 몸이 취하는 행동을 하면 된다. 자신 있는 자세란 가슴을 펴고, 어깨는 편안히 하며, 곧게 선 자세에서 얼굴은 정면을 바라보며, 느긋하게 움직이면서도 목소리에는 힘이 들어가 있다.

이 자세를 습관화한다면 주위 사람들에게 '저 사람은 언제 봐도 자신감이 넘치는 사람'으로 인식되는 사이 정말 자신감이 생기게 될 것이다. 비결은 습관이 될 때까지 반복하는 데 있다. 분명 그 효과에 놀랄 것이다.

'불안 스파이럴'

긍정적인 사람이 되려면
TV를 보지 마라

"지구의 종말이라도 온 걸까? 저기에서는 전쟁이 일어나고, 여기에서는 말도 안 되는 사건이 터지고….""이곳은 지진이 잦아. 언제 또 일어날지 모르니까 밤에도 깊이 잘 수가 없어."

늘 불안을 느끼며 살아가는 사람이 있다. 물론 위기를 예측하고 안전을 추구하는 것은 인간의 본능이지만 도가 지나친 사람도 있다.

이것은 '불안 스파이럴Spiral(소용돌이)'이라고 하는데 방송매체에서 내보내는 뉴스를 보며 일희일비하는 사람의 심리와 비슷하다.

최근 이상하게도 비행기 추락사고가 많다고 느끼면 비행기 타는 데 극도로 신경질적인 반응을 보이며 거부하기도 하고, 픽치기 범죄가 많다는 뉴스를 접하고는 길을 걷는 사람들 모두를 의심의 눈으로 바라보는 등 늘 불안감을 느끼는 상태에 빠져있기도 한다.

만약 당신에게 이런 증상이 나타난다면 더 늦기 전에 치료를 해야 한다. 이 상태를 방치하면 당신뿐 아니라 주변의 모든 생각들이 부정적으로 변해서 생활 자체에 막대한 영향을 미치기 때문이다.

그렇다면 어떻게 해야 할까?

쓸데없는 뉴스를 보지 마라. 사람은 행복한 정보보다 불행한 정보에 더 솔깃해한다. 슬프지만 '다른 이의 불행은 나의 행복'이라는 말이 그저 실없는 농담만은 아닌 듯하다.

보도 프로그램에서도 시청률이 나오지 않으면 광고비가 들어오지 않으므로 시청자가 보고 싶어 하는 정보를 내보낸다. 이런 까닭에 하루가 멀다 하고 불행한 소식만 넘쳐난다.

이는 인간심리 중 어두운 부분으로 타인의 불행을 보면서 현재의 자신에 안도한다. 사람이 가진 습성 중 하나이기도 해서 어지간해서는 바꾸기가 힘들다.

즉 최근 들어 갑자기 흉흉한 사건이 많아진 듯한 느낌은 환상이다. 여러 사건들은 매일 평균적으로 일어난다. 다만 뉴스에서 다루는 사건인지 아닌지에 차이가 있을 뿐이다. 뉴스를 보지 않으면 불안을 느낄 일도 없고, 불안의 소용돌이 속에 빠지는 일도 사라진다. 실제로 내가 경험한 바에 따르면 뉴스를 보지 않아도 일상은 늘 그대로이며, 전쟁이라도 일어나지 않는 한 언제나 평화롭다.

항상 불안을 느낀다면 쓸데없는 정보를 주입하지 않으면 된다. 그러면 반드시 악순환이 멈추게 될 것이다.

'플라시보 효과'

긴장을 단번에 풀 수 있다

프레젠테이션이나 영업 등 사람들 앞에 서서 상품을 판매해야 하는 상황에 자주 처한다. 이런 때 과도하게 긴장해서 실수를 연발하는 사람도 많다. 대체 왜 긴장을 하게 될까?

사람들은 현재의 자신을 뛰어넘는 모습을 보여주어야 할 때 긴장한다.

머릿속으로 그려보면 쉽게 이해가 된다. 같은 프레젠테이션이라도 가족이나 친한 친구들 앞에서는 긴장하지 않지만 거래처 사람들 앞에서는 긴장된다. 내용은 동일한데도 분명히 차이가 생긴다.

TV의 뉴스 진행자는 생방송임에도 불구하고 긴장하지 않고 자신이 맡은 일을 수행하는 듯 보인다. 카메라를 향해 뉴스원고를 정확하게 시청자에게 전달한다. 긴장할 법도 한데 그런 기미는 전혀 찾아볼 수가 없다. 그 비결은 무엇일까?

이 세상에서 긴장하지 않는 사람은 없다. 당신이 보고 있는 뉴스 진행자 또한 내심 긴장하고 있을 것이다. 다만 그것을 밖으로 드러내지 않을 뿐이다. 그것이 프로와 아마추어의 차이다.

그럼 프로가 되지 않는 한 긴장감을 없앨 수는 없는 것일까? 심리기술로 긴장감을 제거하는 방법이 있다. 아주 간단하다.

긴장될 때 크게 심호흡을 한 후 엄지를 나머지 네 손가락으로 꽉 감싼 채 차분히 숨을 내뱉는다. 이것을 여러 번 반복하는 것만으로도 긴장이 풀어진다. 효과가 곧바로 나타나므로 한 번 시도해보기 바란다.

그런데 왜 이 동작 하나로 긴장감이 풀어지는지 그 이유를 알고 싶은 사람이 있을 것이다. 사실 손가락을 감싸고, 심호흡을 하는 등의 동작은 긴장과 전혀 관계가 없다. 다만 이 동작을 하면 긴장감이 사라진다는 '플라시보Placebo'가 작용했을 뿐이다.

여러 번 반복하는 것이 핵심으로 반복을 통해 플라시보가 정착되면서 신체적인 움직임이 의식을 조정하는 일종의 방아쇠 역할을 한다.

프로 야구선수 이치로가 타석에 들어서면 늘 하는 동작 또한 긴장을 푸는 일종의 의식이라고 한다.

플라시보란 긍정적인 믿음으로 자신의 믿음이 효과가 있다고 확신하면 실제로 효과가 발휘된다고 한다. "단순한 믿음일 뿐이라니!"라며 우습게 생각하지 말고 여러 번 연습해보라. 분명 그 효과에 놀랄 것이다.

'포괄적 시점'

시점을 바꾸고
경계선을 없앤다

'포괄적 시점'이란 부분이 아닌 전체적으로 사물을 파악하는 시점을 말한다. 이 시점에서 보면 늘 새로운 뭔가를 발견할 수 있다.

객관적인 시점이 유한하다면 포괄적 시점은 무한하다. 이 무한한 시점이 우리들을 새로운 세계로 이끌어줄 것이다.

대다수의 유명한 발명가들이 이 시점에서 사물을 바라본

다고 한다. 당신도 폭넓은 사고를 하고 싶다면 포괄적인 시각을 가져야 한다.

그런데 포괄적인 시점이란 무엇일까? 예를 들어, 당신의 소중한 사람이 눈앞에서 넘어졌다고 하자. 곧장 달려가 상대의 손바닥을 보니 피가 배어난다. 그 상처를 보고는 당신도 똑같은 아픔이 느껴지는 듯(물론 육체적인 통증이 아니라 심리적인 통증)한 감각, 즉 상대와 자신의 경계선이 없이 통증을 서로 공유하는 순간이 바로 포괄적인 시점이다.

이는 사람과 사람 사이로 제한되지 않는다. 당신이 아끼는 접시를 누군가가 실수로 손에서 놓쳐서 바닥으로 떨어지는 순간 분명 당신은 전력을 다해 접시의 추락을 막으려 할 것이다. 이 순간 당신과 접시 사이의 경계선이 사라진다.

이런 시점을 가지면 자신의 사고를 컨트롤할 수 있게 된다.

이를테면 목표를 세우고 그것을 향해 가는 도중이라고 하자. 모든 과정이 순조로울 리 없다. 반드시 문제에 휘말린다. 이때 포괄적 시점을 보유하고 있다면 그 문제의 끝에 있는 것이 눈에 들어오기도 하고, 그것을 해결했을 때 벌어질 일들이 떠오르기도 한다.

그러면 안정된 자세로 모든 상황에 대처해갈 수 있다. 주변사람들 눈에는 언제나 침착함을 잃지 않는 대범한 사람으로 비칠 것이다.

시점을 바꾸고 경계선을 없애는 것!

이를 의식하는 것만으로도 분명 당신은 지금까지와는 다른 인생을 걷게 될 것이다.

'색깔의 힘'

겉모습만으로
상대를 조정한다

특별한 마인드 리딩 기술 없이 겉모습을 조금 바꾸는 것만으로도 자신의 생각대로 상대를 조정할 수 있다. 기술 같은 건 필요 없으므로 쉽게 따라할 수 있을 것이다.

몸에 착용하는 소품의 색만으로도 얼마든지 가능하다. 남자라면 넥타이, 여성이라면 스카프 같은 종류가 적당하다.

여기에서 주의해야 할 점은 전체 의상 색깔이 아닌 '원포인트'가 되는 소품이여야 한다는 점이다. 원포인트는 무의식을 최대한 자극할 수 있는 방법이므로 활용하기 바란다.

그렇다면 어떤 색을 착용해야 할까?

먼저 업무적인 자리, 예컨대 프레젠테이션 등을 진행한다면 상대가 당신에게 쉽게 설득되도록 빨강을 착용한다.

미국의 대통령 연설이나 선거연설 등을 보면 대부분이 붉은 넥타이를 하고 있다. 이것이 가장 확실한 증거다.

만약 첫만남에서 좋은 인상을 남기고 싶다면 안정과 조화를 상징하는 녹색을 착용하라.

설득을 해야 하는 자리에 파랑을 포인트로 준다면 실패할 확률이 크다. 그도 그럴 것이 파랑은 사람을 진정시켜 차분하게 만드는 효과가 있어 상대의 마음을 움직이는 힘이 없기 때문이다.

비즈니스를 예로 들었지만 연애에도 충분히 적용할 수 있다. 예컨대 프로포즈를 하려고 한다면 빨강, 싸워서 마음이 상한 상대와 화해하고 싶다면 파랑, 즐겁게 놀고 싶을 때는 초록이 적당하다. 그때그때 상황에 맞게 색을 바꿔 활용하라.

에필로그

사람과 사람의 마음을 통하게 하는
진정한 평화

심리술, 특히 마인드 리딩(마음을 읽는다, 조정한다) 기술이라
는 말만으로도 거부감을 느끼는 사람이 많다. 왜 그럴까?

이유는 간단하다. 그 기술의 정체를 모르기 때문이다. 강
력한 커뮤니케이션의 수단임에도 불구하고 단순히 '세뇌',
'마인드 컨트롤'이라는 선입견을 갖고 판단하기 때문이다.

우리는 정체를 알 수 없는 대상에 공포심을 느낀다. 이는

동서고금을 막론하고 변하지 않는 사람의 심리다. 하지만 이 기술의 정체를 알고 마음을 다룬다는 것이 무엇인지를 알게 되면 수상하고 음침한 이미지 대신 사람과 사람의 마음을 통하게 하는 진정한 '평화'가 존재한다는 사실을 깨닫게 된다.

강력한 커뮤니케이션이 상대의 마음을 열어 함께 걸어가게 만든다. 그런데 사람의 마음을 쉽게 조정할 수 있다는 점 때문에 수많은 사기꾼들에게 이 기술이 악용되고 있다. 양날의 칼처럼 사용하기에 따라 사람을 좋은 방향으로 유도할 수도 있지만 남을 속이는 데 이용할 수도 있다.

내가 좋아하는 만화 중에 〈카이지〉라는 작품이 있다. 작품 속 주인공처럼 피를 말리는 상황은 현실에서 거의 없다는 사실을 누구보다 잘 알면서도 가슴을 졸이며 재미있게 읽었다. 그런데 이 작품 속에서 주인공 카이지가 숙적인 상대에게 "내가 뱀으로 보인다면 당신이 뱀이기 때문이다"라고 말하는 장면이 있다.

이 책에서 소개한 기술을 만약 '사람을 속이는 데 사용되지는 않을까?', '이성을 가볍게 유혹하는 데 사용하면 어쩌지?'라고 나쁜 방향으로 생각한다면 이는 자신이 이 기술을 악용할 마음이 있다는 뜻이다.

반대로 '상대를 바람직한 방향으로 유도할 수 있다', '이렇게 하면 저 사람이 좋아하겠구나'처럼 올바른 방향으로 사용할 수 있다고 생각한다면 분명 당신은 이 기술을 이용해 수많은 사람을 기쁘게 할 수 있을 것이다.

결국 기술은 그것을 사용하는 사람의 '도구'다. 부디 좋은 방향으로 사람을 유도하고 조정하라. 이것이 진정한 마인드리딩이라고 확신한다.

마지막으로 이 책을 출판하기까지 도움을 주신 많은 분들에게 감사 인사를 하고 싶다. 출판 프로듀서인 이와타니 요스케岩谷洋昌 씨를 만나지 못했다면 이 책은 세상에 나오지 못했을 것이다. 사단법인 일본 마인드리딩협회의 이사를 역임하고 있는 시라토 산지로白戸三四郎 씨와 시라 사루가岸正龍 씨, 마술사 라이브 씨에게 많은 도움을 받았다. 협회인정강사로 마스터 마인드 리더인 후루타 도모코古田朋子 씨, 가와무라 유리河村有利 씨, 오쿠보 마사시大久保雅士 씨, 오즈카 신코遠塚慎吾 씨, 시모가키 스나오 하지메下垣直哉 씨, 오시마 잇페이大嶋一平 씨 등이 다양한 마인드 리딩 기술의 피드백을 정리해주셨다. 편집을 담당해주신 SB크리에이티브의 요시다 타이치^{吉尾}^{太一} 씨, 사카구치 소이치^{坂口惣一} 씨에게도 진심으로 감사드린다. 그리고 마지막으로 아이들의 양육과 집안일을 책임져준 아내 미나^{美奈}의 지원이 없었다면 집필에 집중할 수 없었을 것이다.

역자 김하경

계명대학교 대학원 일어일문학과를 졸업했다. 계명대학교, 대경대학, 경북 외국어
대학에서 일본어 강의를 했으며, 현재는 번역에이전시 엔터스코리아 출판기획 및 일
본어 전문 번역가로 활동하고 있다.
주요 역서로는『상대의 속마음이 보이는 심리학』,『연애 심리학 레시피』,『사장의
일』,『신은 주사위 놀이를 하지 않는다 : 불확정성의 원리』등 다수가 있다.

97%의 사람을 내 맘대로 조정하는
위험한 심리술

1판 1쇄 발행   2017년 3월 13일
1판 4쇄 발행   2020년 2월 20일

지은이.   로미오 로드리게스 주니어
옮긴이.   김하경

발행인.   양원석
편집장.   최두은
디자인.   섬세한 곰 www.bookdesign.xyz
영업마케팅.   양정길, 강효경, 정문희

펴낸 곳.   (주)알에이치코리아
주소.   서울시 금천구 가산디지털2로 53, 20층(가산동, 한라시그마밸리)
편집문의.   02-6443-8842   도서문의.   02-6443-8800
홈페이지.   http://rhk.co.kr
등록.   2004년 1월 15일 제2-3726호

ISBN   978-89-255-6123-3   03180